ANGELIKA LANG

Vögel

Liebe Leserin, lieber Leser,

immer mehr Menschen entdecken ihre Liebe zur Natur, zu den kleinen und großen Wundern am Wegesrand, im Garten, auf Wiesen und Feldern, an Bächen und Flussläufen oder im Wald. Man kann bei ihrer Betrachtung den Alltag abstreifen, staunend verweilen und sich in ihrer augenfälligen Schönheit verlieren. Sie führt uns zu uns selbst zurück und erinnert uns daran, dass sie wegen ihrer Zerbrechlichkeit schützenswert ist und unserer Fürsorge und Verantwortung bedarf.

Mit dem Naturführer, den Sie in Ihren Händen halten, können Sie diesen Wundern der Natur auf Augenhöhe begegnen. Im Unterschied zu anderen Büchern haben wir bei der Vorstellung und Beschreibung der Vögel nicht nur Wert auf biologische Richtigkeit und gelingsichere Handhabung bei der Bestimmung gelegt, sondern auch einen Zugang gewählt, der Ihnen den Zauber und die Schönheit der einheimischen Arten durch eine neuartige Fotoästhetik nahebringt. Jede einzelne Doppelseite in diesem Band wurde dafür eigens gestaltet, mit dem Ziel, Ihnen das Erlebnis der Nähe zu ermöglichen. Unser Anspruch war dabei nicht die Vollständigkeit aller Arten, sondern eine stichhaltige und populäre Auswahl der Vögel, die Sie tatsächlich in der Natur antreffen werden und mit diesem Buch sicher bestimmen können. Die kleinen Geschichten, die wir dabei erzählen, werden sich nachhaltig in Ihre Erinnerung einprägen – damit sie von Ihnen weitergegeben werden.

Mit herzlichem Gruß

Georg Kessler
Der Herausgeber

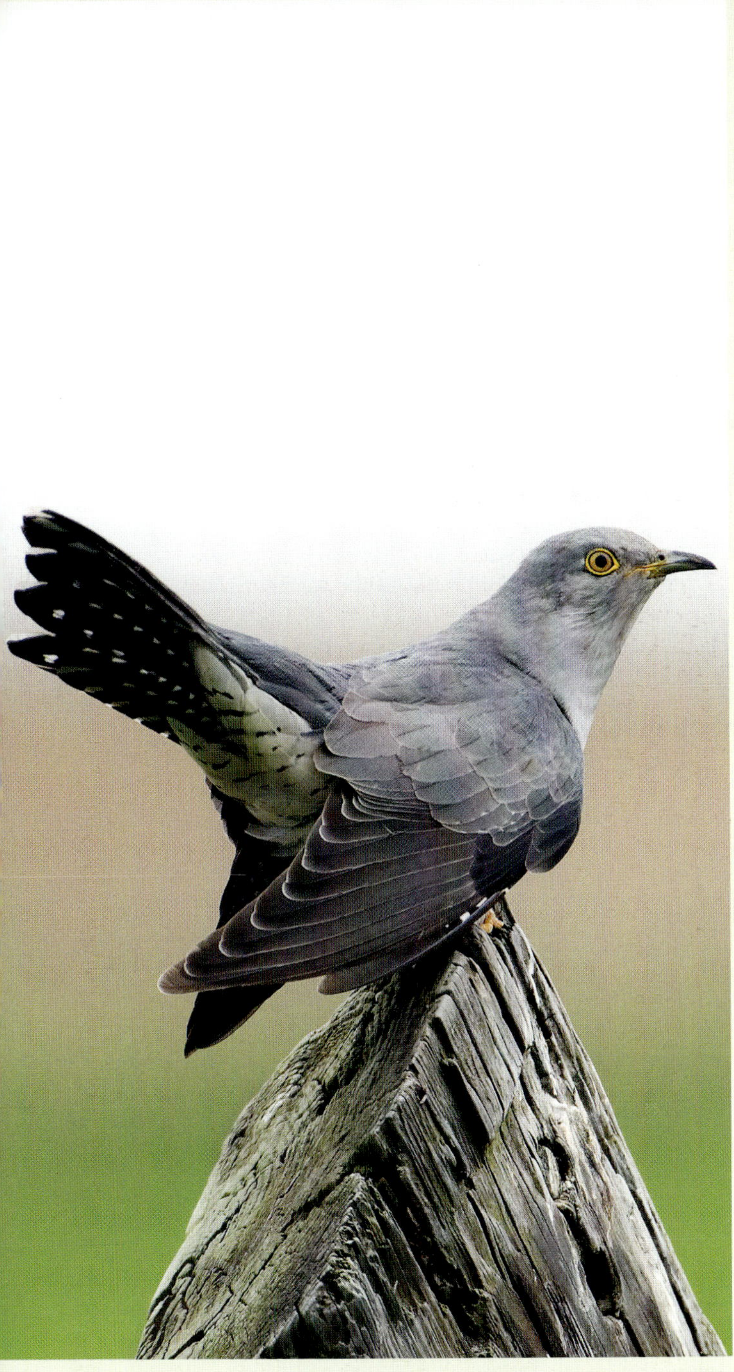

Vögel

Die faszinierende Welt der Vögel

Vögel vermochten die Menschen von jeher zu begeistern, sei es durch ihre Fähigkeit zu fliegen, sei es durch ihre Gesänge oder durch ihre bunten Gefiederfarben. Allein in Europa sind heute über 400 Arten bekannt, deren Erscheinungsbild äußerst vielfältig ist. Was aber allen Vögeln gemein ist, ist ihr Federkleid. Es verleiht die individuelle Gestalt und Färbung und ermöglicht den Vögeln das Fliegen.

DAS VOGELGEFIEDER

Jede Feder besteht aus einer mehr oder weniger starren Mittelrippe, dem Kiel, und der elastischen Fahne. Der untere Teil des Kiels, mit dem er in der Haut steckt, heißt Spule, der Teil, der die Fahne trägt, wird Schaft genannt. Letzterer gliedert die Fahne in Innen- und Außenfahne. Die Fahne besteht aus sogenannten Federästen, die im spitzen Winkel am Schaft ansetzen. Sie sind miteinander verhakt, das heißt, an jeder Seite eines Federastes setzen hakenförmige Strahlen an, die in die Haken des benachbarten Federastes greifen. Dadurch bilden sie eine dicht schließende, aber in gewissen Grenzen flexible Fläche.

Was Federn verraten

Wenn Sie offenen Auges durch Feld, Wald und Wiese laufen, werden Sie häufiger Federn finden. Diese können entweder Mauserfedern sein (siehe Seite 8), aus dem Bauchgefieder eines Vogels stammen, womit dieser sein Nest ausgepolstert hatte, oder zu einem Vogel gehören, der einem Beutegreifer zum Opfer gefallen ist.

Solche Federn nennt man Konturfedern. Haben Sie mehrere davon in der Hand, können Sie erkennen, dass sie unterschiedliche Formen haben. Federn, deren Fahne relativ gleichmäßig rechts und links des Schafts ausgestaltet ist, stammen vom Schwanz (sog. Steuerfedern). Federn vom

Kennzeichen des Eichelhähers: das blau-schwarz gebänderte Flügelfeld.

Flügel (sog. Schwungfedern) sind asymmetrisch gestaltet, die äußere Fahnenseite ist schmaler als die innere. Federn mit flaumigem Teil am unteren Ende nennt man Deckfedern, weil sie den Körper bedecken. Der flaumige, besser dunige Teil wärmt den Körper. Das erste Federkleid der Jungvögel besteht nur aus Dunen.

Speziell geformte Federn: Federn verraten dem Kundigen nicht nur, wo am Vogelkörper sie saßen, sondern auch, zu welcher Art der Träger ursprünglich gehörte.

Rote Hornplättchen zieren die Armschwingenspitzen des Seidenschwanzes.

Besonders leicht fällt dies bei speziell geformten oder gefärbten Federn wie den auffälligen blau-schwarzen Flügelfedern des Eichelhähers (siehe Foto links) oder den Erpellocken, den mittleren Schwanzfedern der männlichen Stockente. Weitere Beispiele sind die langen Schwanzfedern eines Fasans oder die leierförmig geschwungenen Schwanzfedern des Birkhahns. Die bereits erwähnte Stockente kennzeichnet ein blauer Flügelspiegel. Er wird von den Außenfahnen der Armschwingen gebildet. Interessant gestaltete Schmuckfedern besitzt der Kernbeißer (siehe Seite 114) oder der Seidenschwanz (siehe Foto oben). Ebenfalls zu den Schmuckfedern zählen die langen schwarzen Federn im Nacken des Graureihers.

Besonders weiche Federn haben die Eulen. Zusätzlich sind die Ränder der äußersten Schwungfedern gezähnelt. Dies sind Anpassungen an die nächtliche Lebensweise. Sie ermöglichen den Eulen einen fast geräuschlosen Flug, wodurch die potenziellen Beutetiere nicht auf ihre Jäger aufmerksam werden. Gleichzeitig können die Eulen ihre Beute ungestört lokalisieren.

Tauben oder Reiher besitzen sogenannte Puderdunen, die – je nach Vogelgruppe auf unterschiedliche Weise – ein Puder bilden, mit dem das Gefieder bestäubt und dadurch geschmeidig und wasserabstoßend gemacht wird. An der Schnabelbasis vieler Insektenfresser oder von Eulen stehen steife borstenförmige Federn, die sowohl Tastfunktion haben als auch den Schnabelgrund nach Art eines Keschers vergrößern können.

GEFIEDERWECHSEL

Mit der Zeit nutzen sich Federn ab. Sie verschleißen und können dann, da es sich um tote Gebilde handelt, nicht mehr alle Funktionen erfüllen. So könnte die Isolationsfähigkeit der Feder oder die Flug- und Schwimmfähigkeit des Vogels beeinträchtigt sein. Deshalb müssen die Federn in regelmäßigen Abständen ausgewechselt werden. Dabei schiebt die nachwachsende Feder die alte allmählich aus der Haut. Diesen Vorgang nennt man Mauser.

Mauser und Mausermodus

Wie häufig ein Vogel seine Federn mausert und in welcher Reihenfolge, ist von Art zu Art festgelegt. Es gibt eine sogenannte Teilmauser, bei der innerhalb einer bestimmten Zeit nur die Federn bestimmter Partien gewechselt werden, oder eine Vollmauser, bei der alle Federn erneuert werden.

Um die Flugfähigkeit nicht zu beeinträchtigen, werden die Federn an den Handschwingen (siehe Klappe hinten) meistens nacheinander gemausert. Es gibt allerdings einige Vogelfamilien, die eine sogenannte synchrone Schwingenmauser durchführen, das heißt alle

Ab Spätsommer wechselt das Stockenten-Männchen wieder in das auffällige Prachtkleid mit grün schillerndem Kopf.

Im weibchenähnlichen Schlichtkleid erkennt man das Stockenten-Männchen, den Erpel, vor allem am gelben Schnabel.

Federn der Handschwingen fast gleichzeitig verlieren. In dieser Zeit können sie nicht fliegen. Dazu gehören von den mitteleuropäischen Arten zum Beispiel der Kranich, die Enten oder fast alle Lappentaucher.

Darüber hinaus sind noch viele weitere Sonderformen der Mauser bei verschiedenen Vogelarten bekannt.

Vogelkleider

Durch die Mauser sind auch Änderungen im Aussehen möglich.

Altvögel: Sicher ist Ihnen schon einmal aufgefallen, dass es etwa ab Juli bei den Stockenten nur noch Weibchen zu geben scheint. Die Erpel sind zwar noch da, doch sie »verstecken« sich hinter einem Weibchen-Kleid. Sie haben nach der Mauser in das bräunliche Schlichtkleid gewechselt und sind dann vor allem noch anhand des senfgelben Schnabels von den immer schlicht gefärbten Weibchen zu unterscheiden. Sobald die Männchen im Herbst mit der Balz beginnen, tragen sie wieder ihr bekanntes schönes Prachtkleid, um ein Weibchen für sich zu interessieren und die anderen Vogelmännchen auf Abstand zu halten.

Stare werden im herbstlichen Schlichtkleid Perlstar genannt, weil sie wie weiß getüpfelt aussehen (siehe Seite 128). Bei ihnen nutzen sich die äußeren Federränder im Lauf des Winters ab, dadurch erscheint dann im Frühjahr das prächtig glänzende Prachtgefieder. Auf die gleiche Weise – durch Abstoßen der Federränder – entwickeln sich bei vielen weiteren Vogelarten aus den gedeckter gefärbten Schlichtkleidern die Prachtkleider.

Bei Männchen anderer Arten sowie bei den meisten Weibchen ändert sich das Aussehen durch die Mauser nicht oder kaum.

Jungvögel: So wie sich bei vielen Vogelarten Männchen und Weibchen im Gefieder unterscheiden, kann man oft auch sofort erkennen, ob es sich bei einem bestimmten Vogel um einen Jungvogel handelt.

Bei Jungvögeln unterscheidet man Nesthocker und Nestflüchter. Nesthocker schlüpfen mehr oder weniger nackt. Ihnen wächst im Schutz des Nestes im Lauf der ersten Tage bis Wochen ein Dunenkleid. Spechte machen eine Ausnahme, die Jungen legen gleich ihr Jugendkleid an. Nestflüchter verlassen das Ei bereits mit ausgebildetem Dunenkleid. Da sie sofort selbstständig Nahrung aufnehmen und sich vom Nest entfernen, ist das Dunenkleid meist so gefärbt, dass die Kleinen gut getarnt sind, wenn sie sich bei Gefahr auf den Boden drücken. In einem Nest ist das nicht nötig.

Bei allen Jungvögeln folgt auf das Dunenkleid als erstes richtiges Federkleid das sog. Jugendkleid. Es ist meistens anders gefärbt als das Gefieder der Altvögel. Oft ähnelt es dem schlichten Weibchen-Kleid. Durch je nach Art unterschiedliche Mauserzyklen wechseln die Jungen dann in das Alterskleid. Das kann bei kleineren Vögeln wie Singvögeln bereits im ersten Herbst der Fall sein, Großmöwen wie zum Beispiel die Silbermöwe brauchen vier Jahre, bis sie wie ihre Eltern aussehen, beim Steinadler dauert dies fünf Jahre.

DIE VOGELSILHOUETTE

Bei Vogelbeobachtern hat sich im Lauf der Zeit eine spezielle Benennung für einige Körper- und Gefiederpartien herausgebildet. Sie sollte man kennen, wenn man eine Vogelart beschreiben möchte oder seine Beobachtungen mit Angaben in Vogelführern vergleichen möchte. Eine solche Vogelsilhouette mit den wichtigsten Begriffen finden Sie auf der hinteren Umschlagklappe.

DAS VOGELGEFIEDER · 11

Den Jungen des Wintergoldhähnchens fehlt die auffällige Scheitelfärbung.

Benennung der Vögel

- *Im Lauf der Zeit haben sich gebräuchliche deutsche Namen der Vögel herausgebildet, die heute in Deutschland relativ einheitlich gehandhabt werden.*

- *Zusätzlich hat jede Art noch einen wissenschaftlichen Namen, der weltweit gültig ist. Er besteht aus zwei Teilen: Der erste Name ist der Gattungsname, er gibt eine größere Einheit an, zu der dieser Vogel gehört, etwa Parus für die Meisen. Der zweite Name ist der Artname, er kennzeichnet eine Art eindeutig, etwa die Kohlmeise mit Parus major.*

- *In vielen Gegenden Deutschlands haben sich noch regionale Namen erhalten, die sich oft auf Aussehen (zum Beispiel Kardinälchen für die Mönchsgrasmücke), Stimme, Ernährungsweise oder auf Vorstellungen in früherer Zeit (wie Pestvogel für den Seidenschwanz) beziehen.*

RUFE UND GESÄNGE

Der Gesang der Vögel hat zu allen Zeiten Musiker inspiriert und sie haben die Stimmen der Gefiederten in ihren Werken verewigt. Auch uns erfreut es Jahr für Jahr, wenn die Vogelmännchen im Frühjahr wieder zu singen beginnen.

Gesangskünstler
Gesang ist nicht auf Singvögel beschränkt. Doch diese Vogelgruppe hat ihren Namen, weil viele Vertreter besonders schön singen. Allerdings singen die Männchen nicht für unsere Ohren. Sie markieren und verteidigen singend die Grenzen ihres Reviers, möchten ein Weibchen auf sich aufmerksam machen und – falls sie erhört wurden – auch an sich binden. Bei vielen Vogelarten müssen die Jungvögel den arteigenen Gesang erst lernen, deshalb ist der singende Vater auch noch während und nach der Brutzeit gefragt.

Vogelarten, die auch außerhalb der Fortpflanzungszeit ein Revier verteidigen, hört man das ganze Jahr über singen.

Den Gesang der Tannenmeise kann man fast das ganze Jahr über hören.

Rufe
Neben den meist komplizierter aufgebauten Gesängen gibt es noch Rufe. Sie bestehen meist aus ein bis zwei Elementen, die auch gereiht werden können. Nach ihrer Funktion unterscheidet man unter anderem Bettelrufe von Jungvögeln, gerichtet an die Eltern, Alarmrufe der Altvögel bei Auftauchen eines Feindes, wodurch über die Reviergrenzen hinaus andere Vögel gewarnt werden, oder Drohrufe von Altvögeln bei aggressiven Auseinandersetzungen mit Artgenossen. Auch im Flug rufen manche Vogelarten charakteristisch.

Laut klappernd begrüßen sich Weißstörche am Horst.

Wie die Stimme entsteht

Vögel haben ein ganz spezielles Stimmorgan entwickelt, die Syrinx. Sie befindet sich an der Gabelung der Luftröhre in die beiden Stammbronchien. Dort sind zwischen den Knorpelringen zwei membranartige Häutchen gespannt, die durch die vorbeiströmende Atemluft in Schwingungen versetzt werden. An diesen Häutchen setzen Syrinxmuskeln an, die verantwortlich für deren Spannung sind. Die Ausbildung dieser Häutchen sowie die Anzahl der Muskeln unterscheiden sich von Vogelgruppe zu Vogelgruppe. Die Ausprägung der Syrinxmuskeln hat einen großen Einfluss auf die Variationsfähigkeit der Vogelstimme. Bei guten Sängern sind sie auch gut ausgebildet.

Instrumentallaute

Vögel können aber auch ohne Syrinx Geräusche, sogennannte Instrumentallaute, von sich geben. Dazu zählen zum Beispiel das Trommeln der Spechte auf eine harte Unterlage oder das Schnabelklappern der Störche. Selbst mithilfe ihrer Federn vermögen sich manche Vogelarten mitzuteilen. So erzeugt der Luftstrom, wenn er bei einem bestimmten Flugwinkel durch die äußeren Schwanzfedern der Bekassine streicht, ein meckerndes Geräusch. Andere Vogelarten klatschen die Flügel aneinander, etwa Türkentauben.

LEBENSRÄUME DER VÖGEL

Alle Vogelarten stellen bestimmte Ansprüche an ihren Lebensraum und haben spezielle Anpassungen entwickelt. Manche Arten findet man in unterschiedlichen Lebensräumen, während wieder andere nur in bestimmten Nischen ansässig sind.

Lebensraum Wald

Mitteleuropa ist Waldland. Aus diesem Grund kann man bei uns viele Vögel im Wald antreffen. Allerdings ist Wald nicht gleich Wald. Je nach Zusammensetzung der Baumarten unterscheidet man verschiedene Waldtypen. Laubwald besteht ausschließlich aus Laubbäumen wie Buchen, Hainbuchen, Eichen oder Ahornen. In einem Nadelwald herrschen Nadelbäume wie Fichten, Kiefern oder Tannen vor. In einem Mischwald kommen Nadel- und Laubbäume zahlenmäßig in etwa gleich vor. Durch die Eingriffe des Menschen sind heute viele Nadelwälder sogenannte Monokulturen, in denen eine einzige Baumart vorherrscht, meist die Fichte. Auwald nennt man die flussbegleitenden Wälder, die regelmäßig überschwemmt werden und auf dauerfeuchten Böden stehen.
Jeder Waldtyp hat auch seine Vogelwelt, denn es gibt Vogelarten, die auf Nadel- oder Laubbäume spezialisiert sind.

Mit seinem starken Schnabel legt der Buntspecht Insekten hinter der Rinde von Stämmen und Ästen frei.

Der Zaunkönig bevorzugt unterholzreiche Laub- und Mischwälder als Lebensraum. Seine Singwarte liegt auf niedrigen Bäumen.

Stockwerke des Waldes: Betrachtet man einen Wald, kann man feststellen, dass er wie ein Haus in mehrere Stockwerke aufgeteilt ist. Sie stellen alle ein reichhaltiges Angebot an Wohn- und Nahrungsraum sowie Verstecke bereit. Um sich nicht gegenseitig zu viel Konkurrenz zu machen, verteilen sich die Vögel auf diese Stockwerke.

Der Kronenbereich des Waldes entspricht dem Dach des Hauses. Er ist bevorzugter Brutraum vieler Vogelarten. Hier bauen Rabenkrähen ihre Nester, in denen dann im Jahr darauf Waldohreulen ihre Jungen aufziehen. Auch Pirole oder Ringeltauben brüten hier. Gleichzeitig ist der Kronenbereich auch Nahrungsraum für eine Vielzahl an Arten. Zwischen den Blättern oder Nadeln suchen Laubsänger wie der Zilpzalp oder Meisen und Goldhähnchen nach Spinnen, Insekten und deren Larven. Sie sind behände und flink genug, um auf den Zweigen, aber auch mit dem Bauch nach oben unter den Zweigen hangelnd fressen zu können.

Das Stockwerk unterhalb der Krone ist der Stammbereich. Er ist das Reich der Spechte, Baumläufer und Kleiber. Während des Dickenwachstums bildet die Borke der Bäume häufig Risse und Spalten, in denen sich Kleintiere verstecken. An die Nutzung dieser Nahrungsquelle haben sich die Vögel vor allem in der Ausformung ihrer Schnäbel angepasst. Die Baumläufer können mit ihrem langen, gebogenen, relativ feinen Schnabel Insekten selbst hinter engsten Ritzen in der Borke hervorholen. Kleiber haben kräftigere Schnäbel. Damit

In reich strukturierter Heckenlandschaft mit Dornensträuchern fühlt sich der Neuntöter wohl.

sind sie in der Lage, Rindenstücke loszuhacken und die dahinter verborgenen Insekten freizulegen. Spechte hacken mit ihrem noch stärkeren Schnabel Löcher in das Holz und befördern so baumbewohnende Insekten und deren Larven zum Vorschein. Außerdem zimmern sie alljährlich neue Höhlen, die dann im Jahr darauf anderen Vogelarten wie Staren, Meisen oder Kleibern zugute kommen. Als Anpassung an die kletternde Lebensweise ist der Schwanz der Spechte als Stützschwanz ausgebildet. Außerdem ermöglicht die Zehenstellung – zwei weisen nach vorn, zwei nach hinten – ein sicheres Klettern am Stamm.

Unter der Stammschicht folgt die Strauchschicht, bestehend aus jungen Bäumen oder Sträuchern. Sie sind das Reich von Schwanzmeisen oder Drosseln, die hier ihre Nester anlegen. Zaunkönige oder Rotkehlchen nutzen die Äste zum Beispiel als Singwarten.

Das unterste Stockwerk, die Krautschicht, bewohnen zum Beispiel Heckenbraunellen, Zaunkönige oder Rotkehlchen. Sie suchen am Boden Nahrung oder Unterschlupf und bauen ihre Nester für den Nachwuchs im Schutz der Zwergsträucher oder krautigen Pflanzen.

Lebensraum Kulturlandschaft

Wälder gibt es in Mitteleuropa seit ca. 12000 Jahren. Durch eine allmähliche Klimaerwärmung konnten sich aus den nach der Eiszeit noch strauchförmig wachsenden Gehölzen Bäume entwickeln, die sich zu Wäldern zusammenschlossen. Mit dem Auftreten des Menschen veränderte sich das Gesicht der Landschaft. Die Wälder wurden zurückgedrängt, um der wachsenden Zahl an Menschen einerseits Lebensraum, andererseits Anbauflächen zur Nahrungsgewinnung zu verschaffen. Es entstand die offene Kulturlandschaft mit Feldern und Wiesen, Feldgehölzen und Hecken.

Hecken und Sträucher – Wälder im Kleinformat

Hecken und Sträucher bieten einer Vielzahl von Waldvögeln ebenfalls Brut- und Nahrungsmöglichkeiten. In Hecken brüten zum Beispiel Mönchsgrasmücken und verschiedene Finken. Sind Dornenbüsche eingestreut, lässt sich auch der Neuntöter nieder.

Doch durch die neu hinzugekommenen offenen Lebensräume konnten auch Vögel hier Fuß fassen, die es vorher in Mitteleuropa nicht gegeben hat. Dazu zählt zum Beispiel die Feldlerche, die aus Steppengebieten bei uns eingewandert ist. Sie war lange Zeit ein typischer Vogel der Feldflur. Kein Feld, über dem nicht eine Lerche am Himmel ihr Lied jubilierte. Auch die Goldammer kam ursprünglich nicht bei uns vor. Sie stammt aus dem Mittelmeerraum.

Heckenreiches Grünland beherbergt ebenfalls eine artenreiche Vogelfauna. Auf den Wiesen liegen die Brut- und Nahrungsgebiete verschiedener Stelzen, vom Star oder Kiebitz.

Durch den Wandel in der Bewirtschaftung hat der Mensch die kleinräumige Kulturlandschaft ausgeräumt, er hat durch Zusammenlegen der Felder die Hecken entfernt und die artenreichen Hochstaudenfluren in den Randstreifen vernichtet. Konnten früher die Vögel bei

Die Feldlerche brütet in der offenen Kulturlandschaft mit nicht zu hoher Vegetation. Ihre Nahrung sucht sie am Boden.

Anrücken einer Mähmaschine noch schnell in die überall vorhandenen Ackerraine ausweichen, finden sie heute kaum mehr Unterschlupf. Dadurch sinkt gerade die Anzahl der in der Feldflur und auf Wiesen beheimateten Vogelarten dramatisch.

Feuchtgebiete und Seen

Feuchtgebiete gab es ursprünglich nur entlang von Flüssen, wo der wechselnde Wasserstand und die Scherkräfte der Eisschollen einen höheren Bewuchs verhinderten. Oder sie entstanden als Verlandungsflächen ehemaliger Seen und Teiche. Schwimmblattpflanzen wie Seerosen setzen den Verlandungsvorgang in Gang. Sie halten mit ihren Wurzeln Schwebstoffe fest. Dadurch wächst der Boden nach oben. In der Folge können andere Pflanzen Fuß fassen. So kann sich um einen verlandenden Teich oder See ein Schilfgürtel bilden. Durch Sauerstoffmangel am Grund der Verlandungszone kann sich das Pflanzenmaterial nicht vollständig zersetzen, es entsteht Torf. Fällt weniger Regen als Wasser verdunstet, bilden sich Seggenriede, Sümpfe (auch Flachmoor oder Niedermoor genannt) und letztlich Bruchwald.

Ist die Regenmenge höher als die Wasserverdunstung, bilden sich Hochmoore. Auch hier zersetzen sich die Pflanzen nicht vollständig, sondern bilden Torf. Auf seiner Oberfläche wachsen die Pflanzen weiter in die Höhe. Mit der Zeit verlieren sie den Kontakt zum Grundwasser. Der Name »Hochmoor« kommt daher, dass die Oberfläche dieser Lebensräume uhrglasförmig nach oben gewölbt ist.

Die scheuen Kraniche leben zurückgezogen in ausgedehnten Feuchtgebieten.

Feuchtgebiete sind Rückzugsgebiete vieler seltener Vogelarten, etwa des Kranichs oder des Birkhuhns. Auf saisonal überfluteten Wiesen oder im Sumpf stochern Bekassinen, der Schilfwald ist unter anderem Lebensraum verschiedener Rohrsängerarten.

Stadttauben, Abkömmlinge der Felsentaube, haben die Klippen gegen Hausmauern getauscht.

Die Seen sind das Reich der Enten und Haubentaucher. Im Winter rasten oder überwintern auf manchen größeren Binnenseen auch nordische Entenarten oder Seetaucher.

Vogelleben in der Stadt

Selbst innerhalb der Städte leben Vögel. Parks und Gärten sind Ersatzlebensräume für Wälder. Viele Waldvögel haben heute ihren ursprünglichen Brutraum hierher verlegt, wie Amseln, Buch- und Grünfinken oder Meisen. Parkanlagen und Gärten bieten viele Vorteile: Die Vögel finden hier Wärme und Schutz vor Beutegreifern, denn diese sind meist scheuer und kommen nicht in die Städte. Außerdem werden die Vögel in der Stadt fast ganzjährig gefüttert. Durch ihre Anpassungsfähigkeit haben sie im Lauf der Zeit gelernt, dass sich ein Nest nicht nur in der Baumkrone oder in einer Baumhöhle bauen lässt, sondern dass Nistkästen, Balkonkästen oder der Efeubewuchs an der Hauswand mindestens ebenbürtig sind.

Für Mauersegler oder Hausrotschwanz wurden die Hauswände zum Ersatzlebensraum für die Steilwände an der Küste oder im Gebirge. Paradebeispiel dafür ist aber die Straßentaube, die aus keinem Stadtbild mehr wegzudenken ist. Straßentauben stammen von Felsentauben ab. Sie sind verwilderte Abkömmlinge von Brieftauben oder anderen Zuchtformen der Felsentaube. Da sie in den Städten ideale Lebensbedingungen vorfinden, haben sie sich vielerorts so stark vermehrt, dass sie schon zur »Plage« werden, etwa wenn durch ihren ätzenden Kot Fassaden zerstört werden. Auch sollen sie unter anderem Salmonellen übertragen.

ERNÄHRUNG DER VÖGEL

Vögel haben sich im Lauf der Evolution an unterschiedlichste Futterarten angepasst und sich dadurch neue Nahrungsquellen erschlossen. Das Spektrum an Nahrung ist bei Vögeln besonders groß. Es gibt Spezialisten, die nur von einer einzigen Nahrungsquelle leben, andere ändern ihren Speisezettel im Lauf des Jahres, wieder andere verwerten alles. Je nach Art der Nahrungsquelle unterscheidet man Fleischfresser, Gemischtköstler und Pflanzenfresser.

Pflanzenfresser

Sie ernähren sich entweder von den grünen Teilen der Pflanzen, also von Knospen, Blättern oder Stängeln, oder von den Früchten wie Samen und Beeren.

Grüne Pflanzenteile: Davon leben in unseren Breiten nur wenige Vogelarten, etwa Gänse. Sie weiden das Gras regelrecht ab, indem sie es mit ihren scharfkantigen Schnäbeln abrupfen. Um das schwer verdauliche Gras zersetzen zu können, haben sie besonders lange Blinddärme, gefüllt mit speziellen Bakterien. Enten und Schwäne ernten daneben auch Unterwasserpflanzen ab.

Als weitere Vogelgruppe leben auch die Raufußhühner wie Birk- und Auerhuhn von grünen Pflanzenteilen. Sie fressen im Sommerhalbjahr

Mit seinem feinen, spitzen Schnabel erntet der Erlenzeisig die Samen wie mit einer Pinzette.

Körnerfresser erkennt man sehr leicht an ihrem kräftigen konischen Schnabel, hier zum Beispiel ein Grünfink, der die Samen einer Sonnenblume verspeist.

Blätter, Knospen und Triebe von Zwergsträuchern oder Laubbäumen, im Winter ernähren sie sich häufig sogar nur von den Nadeln von Nadelbäumen, meist von Kiefern.

Samen: Sie sind als Nahrungsquelle schon weiter verbreitet in der Vogelwelt. Bei uns sind es vor allem Finken, Ammern, Hühner und Tauben, die davon leben. Kleine Samen sind schwer zu ernten, bereiten aber weniger Probleme bei der Verdauung. Daran angepasst sind beispielsweise der Stieglitz oder der Erlenzeisig. Mit ihren feinen, spitzen Schnäbeln ernten sie wie mit einer Pinzette die Samen aus den Fruchtständen von Disteln oder anderen Wildkräutern. Wenn diese Samen knapp werden, wechseln sie zu Baumsamen und ernten die Fruchtstände von Erlen oder Birken ab. Größere Samen sind in der Regel auch hartschaliger. Da Vögel keine Zähne haben, um die Randschicht zerkauen zu können, haben sie spezielle Anpassungen entwickelt.

- Hühner und Tauben verschlucken die Samen im Ganzen und lassen den Magen arbeiten. Ihr Magen ist mit besonders gut entwickelten Kauleisten verstärkt, womit die Samen zerrieben werden. Zusätzlich nehmen sie sogenannte Magensteinchen auf, die das Zerreiben unterstützen.

- Andere Vogelarten wie Ammern und Finken sowie Sperlinge haben neben dem Reibemagen kräftige Schnäbel und im Gaumendach Reibeplatten entwickelt. Damit enthülsen sie die Samen und fressen dann nur die Kerne.

- Um an die Samen hinter den Zapfenschuppen zu gelangen, bearbeiten Spechte Fichtenzapfen in speziellen Schmieden. Das sind Ritzen oder Löcher in der Baumrinde, die der Specht bei Bedarf erweitert und der Zapfenform anpasst.

Fleischige Früchte und Beeren: Sie sind nur zu bestimmten Zeiten verfügbar und werden von vielen Vögeln gern gefressen, etwa von Wacholderdrosseln. Besonders Zugvögel ernähren sich im Herbst davon. Der Zuckergehalt ist für sie wichtig, weil sie sich damit den für den Zug nötigen Fettvorrat anfressen. Die Mönchsgrasmücke wechselt dann von der sommerlichen Insektenkost zu Früchten. Der Seidenschwanz verzehrt im Herbst und Winter nur Früchte. Werden sie in seiner nordischen Brutheimat knapp, zieht er in Massen südwärts und »plündert« die Bäume bei uns.

Nüsse: Wegen ihrer harten Schale sind sie Vögeln mit starken Schnäbeln vorbehalten. Spechte klemmen sie in Rindenspalten, die sie vorher zurechtgezimmert haben, und bearbeiten dann die Nuss so lange, bis die Schale springt. Unterhalb solcher »Spechtschmieden« liegen häufig viele Schalen. Kleiber öffnen auf die gleiche Weise Nüsse. Eichel- und Tannenhäher oder Rabenkrähen halten dagegen die Nuss mit einem Fuß fest und bearbeiten sie dann mit dem Schnabel, bis die Schale springt. Die beiden Häherarten verstecken sogar Nüsse für den nahrungsarmen Winter.

Fleischfresser
Die überwiegende Zahl der Vögel ernährt sich von Fleisch.

Insektenfresser: Mit ca. 700 000 Arten sind die Insekten die artenreichste Tiergruppe auf der Erde. Dazu kommen noch die Spinnen.

Wenn sich die Gelegenheit bietet, fressen Grünfinken auch gern Früchte.

ERNÄHRUNG DER VÖGEL · 23

Die harte Schale von Nüssen können nur starkschnäblige Arten wie Spechte knacken.

Drosseln, Stare oder Grasmücken bedienen sich im Herbst gern an Beeren.

Mit ihren feinen Schnäbeln können Stieglitze und Zeisige die Distelsamen ernten.

Um an die Samen zu kommen, zerhacken Buntspechte die Schuppen der Zapfen.

Deshalb ist es nicht verwunderlich, dass sich der größte Teil der Vögel davon ernährt. In unseren Breiten sind Insekten über den Winter allerdings kaum verfügbar. Die Vögel, die sich überwiegend von dieser Nahrungsquelle ernähren, ziehen deshalb in der kalten Jahreszeit aus Mitteleuropa weg oder sie stellen ihre Nahrung auf Samennahrung um wie die Bartmeise. Für das Erbeuten ihrer Insektennahrung haben die Vögel verschiedene Methoden entwickelt.

- Einige Arten turnen geschickt im Gezweig, untersuchen Blätter und Nadeln nach Insekten und Spinnen und holen sie mit ihren spitzen Schnäbeln aus den feinen Ritzen. Dazu gehören Laubsänger, Goldhähnchen, Meisen oder Grasmücken.

Turmfalken sind Mäusejäger. Diesem Männchen ist ein Überraschungsangriff auf einen Kleinvogel geglückt.

- Baumläufer, Kleiber und Spechte suchen die Insekten am Stamm. Dazu haben sie kräftige Zehen zum Festhalten, einen starken Schnabel zum Weghacken der Rinde (Kleiber) oder des Holzes (Spechte) oder feine Schnäbel, um in die Rindenritzen zu gelangen (Baumläufer). Spechte haben zusätzlich eine lange, klebrige Zunge, um Insekten auch aus tieferen Löchern, die sie in das Holz gehackt haben, herausholen zu können.

- Grauschnäpper, Gartenrotschwanz oder Neuntöter fangen fliegende Insekten von einem Ansitz aus. Sie warten dort so lange, bis ein Insekt vorbeikommt, dann starten sie, verfolgen die Beute, packen sie und fliegen wieder zurück. Schwalben oder Segler fangen Insekten im Flug. Alle haben dafür Schnäbel mit relativ breiter Basis, die wie Kescher wirken.

- Auf Insekten am Gewässergrund ist die Wasseramsel spezialisiert. Sie ist der einzige Singvogel, der tauchend seine Nahrung sucht. Dabei läuft sie mit rudernden Flügelbewegungen unter Wasser gegen die Strömung, dreht Steinchen um und holt die Larven von Stein-, Köcher- oder Eintagsfliegen hervor. Von der Wasseroberfläche picken Teich- und Blässhuhn Insekten ab, verschiedene Limikolenarten stochern danach im Schlamm.

Wirbellose Kleintiere: Würmer, Schnecken oder Krebse werden von vielen Insektenfressern genommen, die größere Schnäbel haben, etwa Drosseln oder Stare. Auch Greifvögel und Falken weichen darauf aus, wenn ihre Nahrung knapp ist. Küstenvögel wie Möwen lesen die Tiere von der Bodenoberfläche ab. Langschnäblige Limikolen wie Rotschenkel oder Bekassinen stochern im Boden danach. Sie haben Nerven in der Schnabelspitze, mit deren Hilfe sie die Beutetiere im Boden erspüren können, ohne sie sehen zu müssen. Zudem ist der Vorderschnabel so biegsam, dass die Vögel ihn wie eine Pinzette einsetzen können. Kurzschnäblige Limikolen wie Regenpfeifer sammeln die Kleintiere von der Oberfläche ab oder sie trippeln so lange auf einer Stelle, bis sie die Wirbellosen freigelegt haben und mühelos fressen können.

Landlebende Wirbeltiere: Jagdspezialisten sind Falken, Greifvögel und Eulen. Eulen jagen überwiegend nachts, die anderen tagsüber. Kennzeichen sind der gekrümmte, scharfrandige Hakenschnabel und die starken, kräftigen Beine und Zehen mit scharfen Krallen. Man kann die »Fleischfresser« unterteilen in Grifftöter und in Bisstöter.

- Grifftöter sind zum Beispiel die Greifvögel. Sie packen das Beutetier und erdolchen es mit ihren spitzen Krallen durch knetende Bewegungen mit den Zehen. Mit dem Schnabel wird die Beute zerteilt.

- Bisstöter sind die Falken. Sie fangen die Beute mit den Füßen und töten sie mit einem Biss in die Halswirbelsäule. Dazu haben sie als Anpassung im Schnabel den sogenannten Falkenzahn.

Die Beute wird entweder im Vorbeiflug vom Boden oder Ast gegriffen, im Stoßflug in der Luft gepackt, aus dem Rüttelflug mit anschließendem Stoßflug am Boden geschlagen oder im rasanten Flug in der Luft verfolgt und gejagt. Eulen haben als Anpassung an die nächtliche Jagd einen hervorragenden Gesichts- und Gehörsinn. Ihre Ohröffnungen liegen auf unterschiedlicher Höhe, deshalb können sie die Töne zeitversetzt wahrnehmen und die Richtung genau bestimmen.

Bei der Unterwasserjagd auf Fische treibt sich der Kormoran mit rudernden Beinbewegungen an.

Unter den Singvögeln leben die Würger unter anderem von Wirbeltieren. Auch sie haben einen Hakenschnabel. Wenn sie mal mehr Beute als nötig haben, legen sie Vorräte an, indem sie die Beute auf Dornen oder Ähnliches aufspießen.

Wasserlebende Wirbeltiere: Um Fische zu erbeuten, müssen die Vögel schwimmen, tauchen oder durchs Wasser waten.

- Zum Waten sind lange Beine nötig. Dazu gehören Pirschjäger wie Störche und Reiher. Sie schreiten langsam durch das Wasser. Wenn sie etwas entdeckt haben, stoßen sie blitzschnell zu und packen das Beutetier mit dem langen Schnabel. Graureiher stehen oft stundenlang unbeweglich an einer Stelle, um dann ebenfalls plötzlich zuzustoßen, wenn ein Fisch vorbeikommt.

- Für das Schwimmen und Tauchen ist ein wasserdichtes Gefieder nötig, zum Antreiben im und unter Wasser haben die Vögel Schwimmhäute zwischen den Zehen oder Lappen an den Zehen ausgebildet. Haubentaucher erreichen Tauchtiefen von 35 m. Sie paddeln unter Wasser. Ihre Flügel stecken in speziellen Taschen, damit sie nicht nass werden. Auch Kormorane paddeln unter Wasser. Da sie keine Flügeltaschen haben, werden ihre Flügel nass. Bevor sie untertauchen, drücken sie die Luft aus den Flügeln, um den Auftrieb zu verringern. Um die glitschige Beute festhalten zu können, haben die Schnäbel von manchen Fischjägern einen gesägten Rand, etwa bei Gänsesägern, oder eine hakenförmige Spitze wie bei Kormoranen.

Als Allesfresser verschmähen Kolkraben auch Aas nicht.

ERNÄHRUNG DER VÖGEL · 27

- Aus mehr oder weniger großer Höhe lassen sich Seeschwalben oder der Eisvogel mit dem Kopf voran ins Wasser fallen und packen die Fische mit dem Schnabel. Der Fischadler ergreift die Fische nach einem Sturzflug mit den Füßen.

Um die Fische beim Transport nicht aus den Fängen zu verlieren, hat der Fischadler auf der Unterseite der Zehen Dornen. Kormorane transportieren die Fische im Kropf.

Aas: Viele Vögel fressen neben ihrer normalen Nahrung Aas, wenn es verfügbar ist, etwa Krähen. Aber auch Stein- oder Seeadler ernähren sich in Notzeiten oder bei Nahrungsmangel davon. Reine Aasfresser sind die Geier.

Mit Futterkästen kann man Kleinvögeln die Nahrungssuche im Winter erleichtern.

Vogelfütterung

Vogelarten, die in die Städte eingewandert sind, werden oft im Winter gefüttert. Dies ist ein Thema, das häufig konträr behandelt wird. Viele Ornithologen lehnen die Fütterung ab, weil dadurch die natürliche Auslese ausfällt und im Jahr darauf mehr Aspiranten um die gleiche Anzahl an Brutrevieren kämpfen. Positiv ist, dass viele Menschen durch die Fütterungen einen Zugang zur Vogelwelt bekommen und sich dadurch mehr um die Belange des Vogelschutzes kümmern.

VÖGEL BEOBACHTEN

Vogelbeobachtung ist ein schönes Hobby und mit der richtigen Ausrüstung eine Freude für Jung und Alt.

Was brauchen Sie dafür?

Der wichtigste Ausrüstungsgegenstand dafür ist für den Einsteiger ein Fernglas mit 8- bis 10-facher Vergrößerung. Dies erkennen Sie zum Beispiel an der Angabe 8 × 30 oder 10 × 42. Die erste Zahl besagt, dass Sie den beobachteten Vogel 8-mal bzw. 10-mal größer sehen als in Wirklichkeit. Diese Ferngläser sind im Vergleich zu Gläsern mit stärkerer Vergrößerung noch relativ leicht, man ermüdet nicht so schnell, auch wenn Sie längere Zeit beobachten. Bei der zweiten Zahl handelt es sich um den Durchmesser des Objektivs (hintere Linsen des Fernglases). Je größer diese Zahl ist, desto mehr Licht fällt in das Glas und desto brillanter sehen Sie den Vogel. Aber das Glas wird auch schwerer. Größer als 50 mm sollte deshalb das Objektiv nicht sein. Achten Sie auch auf eine vergütete Optik, um zum Beispiel störende Reflexe zu vermeiden.

Möchten Sie Ihr Hobby vertiefen, wird Ihnen das Fernglas allein nicht mehr reichen. Dann können Sie sich ein Fernrohr anschaffen. Was Sie dabei beachten müssen, sollten Sie im Fachhandel erfragen.

Mithilfe einer professionellen Ausrüstung entdeckt man auch sehr weit entfernt stehende Vögel. Damit lassen sich vor allem menschenscheue Arten gut beobachten.

In strengen Wintern kommen Seidenschwänze nach Mitteleuropa – für Ornithologen eine gute Gelegenheit, die farbenfrohen Vögel zu beobachten.

Darüber hinaus sind Bestimmungsbücher, ein Notizbuch, in dem Sie Ihre Beobachtungen notieren oder eine Skizze des Vogels festhalten, für das Studium der Vogelstimmen auch spezielle CDs oder DVDs oder Apps fürs Smartphone hilfreich. Bei Führungen der VHS oder von vogelkundlichen Vereinen können Sie Ihr Wissen vertiefen.

Wo und wann können Sie Vögel sehen?

Das ist überall möglich, ob am Futterhäuschen im heimischen Garten oder im Baum vor dem Fenster. Auch gut strukturierte Parks und Friedhöfe bieten oft ein reiches Vogelleben. Die Beobachtung in der Nähe ist für den Einsteiger von Vorteil, weil die Anzahl der Arten überschaubar ist und weil Sie eher ein Erfolgserlebnis haben, wenn Sie den beobachteten Vogel auch bestimmen können. Doch selbst für Fortgeschrittene sind Parks immer wieder interessant, etwa wenn im Winter seltene Gäste wie Seidenschwänze bei uns auftauchen, die ihre nordische Heimat wegen Nahrungsknappheit verlassen haben.

Beobachten im Herbst: Diese Jahreszeit ist eine interessante Beobachtungszeit. Wenn Sie im Garten Obst liegen lassen oder beerentragende Sträucher angepflanzt haben, können Sie Drosseln oder Staren zuschauen, die sich um Äpfel streiten, oder Mönchsgrasmücken bei der Beerenmahlzeit betrachten. Manche Vogelarten sammeln sich im Herbst in großen Trupps, bevor sie ins Winterquartier aufbrechen. So kann man an traditionellen Rastplätzen in Nordostdeutschland Kraniche beobachten oder an der Küste Gänse. Andere

Vogelarten schlafen gesammelt in bestimmten Gebieten. Über Schilfgebieten ballen sich oft Starenschwärme wie Rauchschwaden zusammen, ehe sie im Halmenmeer einfallen.

Verhaltensstudien: Interessante Einblicke in das Leben der Vögel bekommen Sie, wenn Sie nicht nur viele Arten sehen wollen, sondern das Verhalten beobachten. Im Lauf eines Vogeljahrs können Sie so Balz, Brutgeschäft, Art der Futtersuche oder die verschiedenen Vogelkleider kennenlernen. Auch bekommen Sie mit der Zeit einen Blick dafür, wo Sie welche Vogelart suchen müssen. So werden Sie eine Wasseramsel meist an schnell fließenden Bächen und kleinen Flüssen antreffen, Spechte suchen ihre Nahrung überwiegend an Stämmen, die Feldlerche singt ihr Lied im hohen Singflug über Feldern und Wiesen, die Goldammer dagegen auf einer Hecke.

Vögel indirekt beobachten

Auch das ist möglich. Vögel hinterlassen bei allem, was sie machen, Spuren. Im Schnee oder Schlamm erkennen Sie ihre Fußabdrücke. Der sogenannte Fuß sind eigentlich die Zehen, denn die Vögel treten nur damit auf. Bei den meisten Vögeln weisen drei Zehen nach vorn, eine nach hinten. Auf dem Boden laufen oder hüpfen sie. Bei Letzterem setzen sie ihre Füße nebeneinander auf, beim Laufen hinter-

Kraniche lassen sich im Herbst am besten beobachten, wenn sie auf traditionellen Plätzen tanzen.

Nach der Brutzeit versammeln sich Stare mitunter in großen Schwärmen, die von Weitem einer Rauchfahne ähneln.

einander. Schon dieses Wissen hilft bei der Bestimmung mancher Kleinvögel. So hüpfen zum Beispiel Sperlinge oder Buchfinken, während Bachstelzen, Feldlerchen, Amseln oder Tauben laufen. Entenvögel erkennen Sie an den gut ausgebildeten Schwimmhäuten. Auch die Länge der Zehen lässt auf die Vogelart schließen. Man kann aber auch Kotspuren, Fraßspuren wie Hackspuren an Nüssen oder Nester und die Eingänge in Baumhöhlen oder Erdbauen entdecken. Finden Sie viele aufgeschlagene Schneckenhäuschen rund um einen Stein verteilt, verzehrt hier eine Singdrossel ihr Mahl. Eine solche Stelle nennt man Drosselschmiede. Liegen viele Federn auf dem Boden, vielleicht auch ein Flügel dabei, dann hatte ein Greifvogel oder ein Falke erfolgreich gejagt. Zur Gefiederpflege nehmen zum Beispiel Hühner oder Sperlinge Sandbäder. Sie hinterlassen dabei flache Mulden im Sand.

Gewölle

Unter manchen Nadelbäumen, die Waldohreulen als Tageseinstand dienen, kann man nicht nur Kotspuren, sondern auch walzenförmige verfilzte Gebilde finden. Dies sind Gewölle. Sie bestehen aus den unverdaulichen Nahrungsresten wie Fell, Federn, Knochen oder Chitinpanzern von Insekten. Außer von Eulen, Greifvögeln und Falken können Gewölle auch von Möwen und Seeschwalben, Reihern und Störchen, Würgern oder Schwalben stammen. Sie werden im Magen der Vögel zu Ballen geformt und von Zeit zu Zeit ausgewürgt. Deshalb heißen sie auch Speiballen.

Schutzgebiete

Von Umweltschutzverbänden wurden Gebiete in Mitteleuropa als Schutzgebiete vorgeschlagen und von den jeweiligen Regierungen unter Schutz gestellt, die wichtige Lebensräume für Vogelarten darstellen. In solchen Gebieten lassen sich ebenfalls Vögel gut beobachten. Eine Auswahl solcher Gebiete in Deutschland finden Sie im Kasten auf Seite 33. In diesen Gebieten wurden oft Vogeltürme aufgestellt, von deren Plattformen aus man einen guten Überblick über das Gelände hat und die Vögel beobachten kann. Auf ausgewiesenen Wegen wird man durch die Schutzgebiete geleitet. Informative Tafeln erläutern, welche Vogelarten zu erwarten sind und welche weiteren Tier- und Pflanzenarten vorkommen. Bitte halten Sie sich zum Schutz der Fauna und Flora an die örtlichen Bestimmungen.

Zu welcher Tageszeit beobachten?

Morgens, ab Nachmittag und abends sind die Vögel am aktivsten. Sie singen, suchen Nahrung und sind deshalb unterwegs. Mittags, vor allem wenn es heiß ist, werden Sie kaum einen Gefiederten wahrnehmen, weil sie dann eine Ruhepause einlegen.

Großflächige Feuchtgebiete wie das Murnauer Moos sind Rückzugsgebiete für manche bedrohte Vogelart.

Vogelbeobachtungsgebiete

An folgenden Orten in Deutschland und der näheren Umgebung lassen sich Vögel besonders gut beobachten – vielleicht auch für Sie eine Reise wert?

Greifswalder Bodden zwischen Rügen und Festland
Müritz-Nationalpark
Dithmarscher Speicherkoog
Rieselfelder Münster
Helgoland
Rheinauen zwischen Bingen und Mainz
Sächsische Schweiz
Rhön
Steinhuder Meer
Federsee
Teichgebiet Niederspree
Murnauer Moos
Nationalpark Berchtesgaden

BEOBACHTEN ZUR ZUGZEIT

Der Vogelzug ist ein besonderes Phänomen und ebenfalls eine gute Gelegenheit, um Vögel zu beobachten.

WARUM ZIEHEN DIE VÖGEL?

Der Zug ist eine kräftezehrende Angelegenheit und doch unternehmen ihn Jahr für Jahr viele Vögel. Es handelt sich bei ihnen überwiegend um Insektenfresser, die im Winter keine Nahrung finden würden, oder um Fleischfresser, deren Beute unter Eis und Schnee versteckt lebt. Die Zugvögel umgehen damit die nahrungsarmen Zeiten im Herbst und Winter.

Bevor Rauchschwalben nach Afrika ziehen, sammeln sie sich oft zu Hunderten auf Leitungen.

Auf dem Zug können Sie zum Beispiel nordische und nordöstliche Arten auch bei uns beobachten, etwa wenn sie hier rasten, um ihre Nahrungsdepots wieder aufzufüllen, wie Gänse an der Küste. Manche Arten haben ihre Winterquartiere auch in Mitteleuropa und können in den kalten Monaten dort beobachtet werden. Beispiele dafür sind die Saatkrähen, die oft zu Hunderten in bestimmten Parks in Städten schlafen, oder Seetaucher und Enten, die auf eisfreien großen Binnenseen überwintern, etwa auf dem Starnberger See bei München.

Wann ziehen die Vögel?

Der Vogelzug findet zweimal pro Jahr statt. Im Frühjahr ziehen die Vögel in die Brutgebiete. Dieser Zug ist weniger spektakulär, da die Vögel dann meist nicht in größeren Gruppen unterwegs sind. Interessant kann es für Beobachter allerdings werden, wenn Vögel zum Beispiel vor ihrer letzten Etappe nach Skandinavien an der Küste rasten und von schlechtem Wetter überrascht werden. Sie warten dann mit dem Weiterzug, bis sich das Wetter bessert. Ein sogenannter Zugstau ermöglicht ab und an die Beobachtung von selteneren nordischen Arten im Wattenmeer. Im Herbst sammeln sich, wie bereits erwähnt, viele Vögel, bevor sie in ihr Winterquartier aufbrechen. Dann sammeln sich zum Beispiel Rauch- und Mehlschwalben dicht gedrängt auf Leitungsdrähten. Oder die Kraniche legen einen Stopp auf traditionellen Rastplätzen ein, um Proviant zu tanken.

Auch der Zug selbst lässt sich gut beobachten. Um Kräfte zu sparen, fliegen große Vögel, die nicht segeln, in Keilformation oder in schrägen Linien. Dabei fliegen die hinteren Vögel immer energiesparend im Windschatten ihrer vorausfliegenden Artgenossen. Der Anführer des Keils oder der Linie wird nach einiger Zeit ausgewechselt und kann sich nun selbst im Windschatten eines anderen ausruhen. In solchen Formationen fliegen zum Beispiel Kraniche, Gänse, Enten oder Kormorane. Dagegen nutzen beispielsweise Störche oder große Greifvögel aufsteigende Warmluftsäulen, sogenannte Thermiken, um Höhe zu gewinnen. Dann überwinden sie größere Strecken kräftesparend im Segelflug mit ruhig gehaltenen Flügeln.

Vögel fliegen nicht nur am Tag, sondern auch in mondhellen Nächten. Dann können Sie schöne Beobachtungen machen, etwa wenn die Formationen vor der hellen Mondscheibe vorbeifliegen.

Auf dem Zug verbringen viele Vögel die Nacht im Schutz eines Gewässers.

GEFÄHRDUNG UND SCHUTZ

Alljährlich durchgeführte Vogelzählungen, etwa die »Stunde der Gartenvögel« von NABU und LBV, ergeben immer wieder, dass sich die Bestände der häufigsten Arten kaum ändern. Mehr oder weniger unangefochten können Haussperling, Amsel, Kohlmeise und Star ihre ersten Plätze seit einigen Jahren behaupten. Dies hängt vor allem mit ihrer Anpassungsfähigkeit zusammen.

Von etwa 260 Arten, die bei uns leben, stehen aber immerhin etwa 50 Prozent auf der Roten Liste (siehe Seite 38), sind also in irgendeiner Weise bedroht.

Gefährdungsursachen

Standen früher die illegale Aushorstung und Bejagung bei den Gefährdungsursachen weit vorn, so ist es heute der Verlust des Lebensraums.

Vögel der Feldflur: Ein Blick auf die Rote Liste zeigt, dass unter anderem viele Vogelarten der offenen Feldflur betroffen sind. Aufgrund der Förderung von Biogasanlagen werden viele Flächen in Produktionsstätten für sogenannte nachwachsende Rohstoffe umge-

Amseln bewohnten ehemals dichte Wälder mit reicher Strauchschicht. Im Lauf der Zeit haben sie als Kulturfolger auch Siedlungen und Städte erobert.

wandelt und mit Mais und Roggen bepflanzt. Dadurch gehen nicht nur Anbauflächen für die Nahrungsmittelproduktion verloren, durch den massiven Einsatz von Herbiziden und Pestiziden gelangen auch Umweltgifte in die Landschaft. Als weitere Folge verlieren viele Vogelarten, die auf die kleinräumige Feldflur angewiesen sind, ihre Heimat. Dazu gehören zum Beispiel das Rebhuhn oder die Feldlerche.

Die Türkentaube hat ausgehend von Vorderasien innerhalb von 50 Jahren fast ganz Europa erobert.

Vögel des Grünlands: Auch die Umstellung in der Bewirtschaftung trägt zur Artenabnahme bei. Wiesen und Weiden hatten viele Vogelarten der Feuchtwiesen und Moore als Ersatzlebensraum erobert, weil ihre ursprüngliche Heimat als nicht gewinnbringend trockengelegt worden war. Heute sind auch solche Grünländereien nicht mehr rentabel und werden ebenfalls unter den Pflug genommen. Auf der Strecke bleiben Bekassine, Großer Brachvogel oder Kiebitz.

Vögel alter Wälder: Sogenannte Urwälder, in denen noch nie Holznutzung stattfand, gibt es in Deutschland schon lange nicht mehr. Doch auch Altholzbestände, in denen die Nutzung stark eingeschränkt war oder ruhte, werden seit einiger Zeit wieder forstlich genutzt – selbst in Schutzgebieten. Durch die Entnahme alter Bäume gehen für Vogelarten, die daran angepasst sind, Lebensräume verloren, weil angepflanzte Wälder kein Ersatz sind. Beispiele für Vogelarten solcher Wälder sind der Mittelspecht oder das Auerhuhn.

Kulturfolger Türkentaube

Allerdings verschwinden nicht nur Vogelarten, es kommen auch neue hinzu. Ein Beispiel ist die Türkentaube, die im letzten Jahrhundert ihr Verbreitungsgebiet explosionsartig – ohne Zutun des Menschen – erweitert hat. Ursprünglich war sie ein Brutvogel Vorderasiens und der Arabischen Halbinsel bis Japan. Seit 1900 hat sie ihre Westgrenze über den Balkan, Österreich und die Schweiz ausgedehnt. 1945 brütete sie erstmals in Deutschland. Ende der 1940er-Jahre war sie Brutvogel der Niederlande, zehn Jahre später auch Dänemarks und Polens. Bis Ende des 20. Jahrhunderts hatte die Türkentaube Europa bis auf Südspanien und den größten Teil Skandinaviens flächig erobert. Die Gründe für die Expansion sind unklar, eine Rolle spielt aber sicher, dass diese Taubenart sehr anpassungsfähig ist.

Dank umfangreicher Schutzmaßnahmen ist der Uhu bei uns nicht mehr bedroht.

Schutzmaßnahmen

Erhalt der Lebensräum: Die wichtigste Maßnahme ist der Schutz der bestehenden Lebensräume und Ausweisung neuer. So kaufen NABU/LBV, BUND oder die Heinz Sielmann Stiftung regelmäßig mit Unterstützung ihrer Mitglieder Land dazu, um es für die Vogelwelt zu erhalten.

Horstbewachung/Auswilderungsaktionen: Naturschützer bewachten rund um die Uhr die Horste gefährdeter Vogelarten wie Uhu, Seeadler oder Wanderfalke. Manche der Vögel waren zuvor oftmals ausgewildert worden, das heißt, sie wurden in Gefangenschaft gezüchtet und an geeigneten Standorten freigelassen. Dank dieser Schutzmaßnahmen konnten sich die Bestandszahlen der genannten Arten wieder erholen und die Arten stehen derzeit nicht auf der Roten Liste.

Die Rote Liste der Brutvögel Deutschlands

Rote Listen gelten laut NABU als »Fieberthermometer des Naturschutzes«. Sie informieren über den Gefährdungsgrad der Brutvogelarten. Die Rote Liste der Brutvögel Deutschlands wird alle fünf Jahre neu aufgestellt unter Mithilfe von Institutionen der wissenschaftlichen Vogelkunde und zahlreichen ehrenamtlichen sowie im Vogelschutz tätigen Vogelbeobachtern in Deutschland.

Rote Liste – Bedeutung der Kategorien

Kategorie 0	*Diese Vogelart ist ausgestorben oder verschollen.*	z. B. Schlangenadler, Triel
Kategorie 1	*Diese Vogelart ist vom Aussterben bedroht. Das heißt, die Art stirbt in absehbarer Zeit aus, wenn die Gefährdungsursachen bestehen bleiben.*	z. B. Auerhuhn, Birkhuhn
Kategorie 2	*Diese Vogelart ist stark gefährdet. Der Bestand der Art ist in erheblichem Maß zurückgegangen oder durch menschliche Eingriffe bedroht.*	z. B. Rotschenkel, Gänsesäger, Steinadler
Kategorie 3	*Diese Vogelart ist merklich zurückgegangen oder durch menschliche Eingriffe gefährdet.*	z. B. Feldlerche, Fischadler, Weißstorch
Kategorie R	*Diese Vogelart ist in Deutschland extrem selten oder kommt nur in einem sehr kleinen Gebiet vor.*	z. B. Dreizehenmöwe, Karmingimpel
Kategorie V	*Dies ist eine Vorwarnliste. Die Arten der Liste sind aktuell noch nicht bedroht, allerdings hat man in den letzten Jahren einen Rückgang der Bestandszahlen registriert. Verschiedene Faktoren könnten in den nächsten zehn Jahren zu einer Gefährdung führen.*	z. B. Baumpieper, Eisvogel, Feld- und Haussperling

Vögel, die aktuell auf der Roten Liste geführt werden, sind hinter dem Artnamen gekennzeichnet: z. B. »KV« bedeutet »Kategorie V«.

Vögel bis Sperlingsgröße

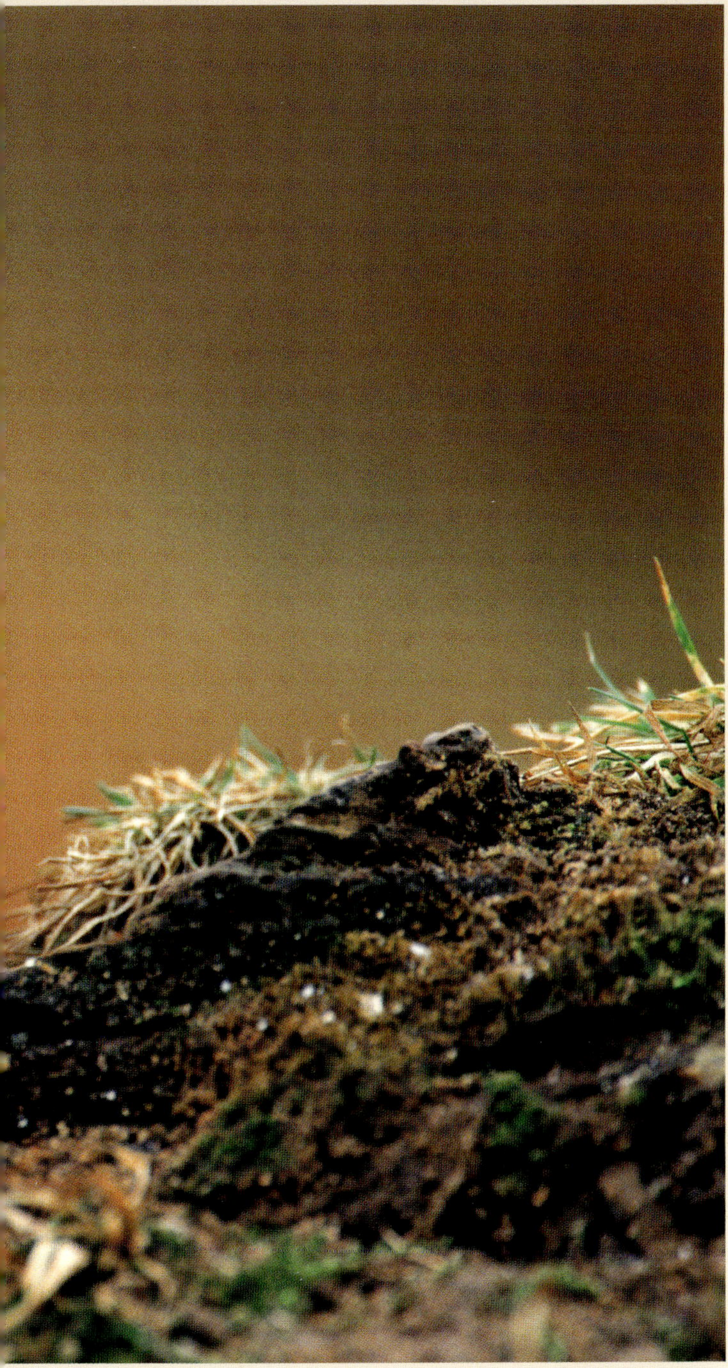

42

VERBREITUNG

charakteristisches Kopfmuster mit schwarzem Augenstreif und weißem Überaugenstreif

Krönchen mit leuchtend orangefarbenen Federchen, schwarz eingefasst

Halsseiten grünlich gelb

Unterseite weißlich grau

Typisch

Die beiden Goldhähnchenarten sind unsere kleinsten Vögel. Bei der Nahrungssuche im Gezweig wirken sie rastlos.

BEOBACHTUNGSZEIT/BRUTZEIT

| J | F | M | A | M | J | J | A | S | O | N | D |

GOLDHÄHNCHEN · 43

Sommergoldhähnchen
Regulus ignicapillus

Die Goldhähnchen sind bei uns mit zwei Arten vertreten, die sich sehr ähnlich sehen: Sommergoldhähnchen und Wintergoldhähnchen (Regulus regulus). Den Namen Hähnchen erhielten sie wegen ihres leuchtend gefärbten Scheitelstreifs, der an einen Hahnenkamm erinnert. Bei Erregung stellt das Sommergoldhähnchen die Scheitelfederchen wie ein Krönchen auf. Darauf bezieht sich vermutlich der wissenschaftliche Gattungsname Regulus, übersetzt »kleiner König«.

VORKOMMEN v. a. Nadel- und Mischwälder (Sommergoldhähnchen sind weniger an Fichten gebunden als Wintergoldhähnchen), auch Parks, Friedhöfe und große Gärten mit Nadelbäumen, Gebirgswälder bis zur Baumgrenze; Zugvogel, überwintert im Bereich des Mittelmeers; verbreiteter Brutvogel

GRÖSSE Länge 9 cm, FSW 13–15,5 cm

STIMME hohe, dünne »sisisi« Rufe, aber tiefer als Wintergoldhähnchen; Reviergesang wispernd, aus sehr hohen ansteigenden Strophen, die gegen Ende schneller werden, ohne Endtriller (Wintergoldhähnchen mit Endtriller)

NAHRUNG kleine Insekten, deren Larven, Spinnen; Nahrungssuche auf der Oberseite der Zweige

BRUT Nest ein elastischer Beutel aus Moos, Flechten, Gespinsten, mit vielen Federchen ausgepolstert, in einer Astgabel oder zwischen zwei Zweigen eines Baums aufgehängt; 2 JB, 7–10 rosa-beigefarbene Eier, fein bräunlich gepunktet, BD 14–17 Tage, NZ 20–22 Tage

Beim Wintergoldhähnchen ist das gelbe Krönchen schwarz eingefasst, es fehlt der schwarze Augenstreif.

44

runde Flügel

heller Überaugenstreif

kurzer Schwanz, wird oft gestelzt

Bauch und B
blassbräunl

VERBREITUNG

ZAUNKÖNIGE · 45

Zaunkönig
Troglodytes troglodytes

Der Name König geht auf eine griechische Sage des Dichters Äsop zurück, nach der die Vögel denjenigen als ihren König erwählten, der am höchsten fliegen konnte: Höher noch als der Adler flog der Zaunkönig. Im wissenschaftlichen Namen Trogodytes steckt das griechische Wort »trogolodyt«, das Höhlenbewohner bedeutet. Es bezieht sich auf das kugelige Nest dieser Vögel. Da der Zaunkönig sogar mitten im Winter singt, heißt er auch Schneekönig mit vielen regionalen Abwandlungen.

VORKOMMEN unterholzreiche Laub- und Mischwälder, besiedelt dort die dunklen, schattigen, bodennahen Bereiche der Vegetation; kleinräumige Kulturlandschaft mit Hecken, Feldgehölzen, auch Gärten, Parks und Friedhöfe mit dichtem Gestrüpp; verbreitet

GRÖSSE Länge 9–10 cm, FSW 13–17 cm

STIMME ruft häufig »zrrr«, warnt »tik«; Gesang zweigeteilt mit leisem Vorgesang und laut schmetterndem Vollgesang, endet in einem Rollen und Schlagen; Gesangsvortrag von einer erhöhten Warte aus

NAHRUNG Insekten und deren Larven, Spinnen

Typisch

Zaunkönige huschen wie Mäuse durch das Unterholz. Bei Erregung schlagen sie mit den Flügeln und dem Schwanz. Für ihre geringe Größe haben sie eine recht laute Stimme.

BRUT kugeliges Nest mit seitlichem Eingang aus Moos, Laub und dünnen Zweigen, innen mit Federn, Haaren und Pflanzenwolle ausgepolstert, Neststandort bodennah im Gestrüpp, an Wurzeltellern umgestürzter Bäume, in Kletterpflanzen, Felsnischen; 1–2 JB, 5–7 weiße, rötlich gesprenkelte Eier, BD 13–16 Tage, NZ 15–19 Tage

BEOBACHTUNGSZEIT/BRUTZEIT

J	F	M	A	M	J	J	A	S	O	N	D

Tannenmeise
Parus ater

Die Tannenmeise ist die kleinste Meise in Mitteleuropa. Trotz ihres Namens bewohnt sie bevorzugt Fichtenwälder. Bei der Nahrungssuche turnen die Meisen rastlos zwischen den Zweigen und stochern in Ritzen, im Flechtenbewuchs oder zwischen den Nadeln. Häufig schwirren sie dabei auch nach Kolibri-Manier vor Zweigspitzen. Die Vögelchen verstecken Samen und andere Nahrung.

VORKOMMEN hauptsächlich Nadel- und Mischwälder, v. a. mit Fichten, aber auch Parkanlagen und große Gärten mit Nadelbäumen, bis zur Waldgrenze; häufig

GRÖSSE Länge 11,5 cm, FSW 17–21 cm

STIMME ruft bei der Nahrungssuche häufig zart »zi zi zi« oder »si si si«, auch »psit«; Gesang ein helles »zewi-zewi-zewi ...« oder »sitü-sitü-sitü ...«, ist fast das ganze Jahr über zu hören

NAHRUNG kleine Insekten und Spinnen, im Winter v. a. Nadelbaumsamen

Die Tannenmeise besucht im Winter Futterstellen. Dort frisst sie bevorzugt Nüsse.

MEISEN · 47

- länglicher weißer Nackenfleck
- glänzend schwarzer Kopf
- 2 weiße Flügelbinden
- weiße Wangen

BRUT Nest aus Moos, Tier- und Pflanzenhaaren sowie Spinnweben, innen mit Haaren gepolstert, in Baumhöhlen, morschen Baumstümpfen, auch in Mauerlöchern oder sogar in verlassenen Mäuselöchern, bezieht auch Nistkästen; 2 JB, 8–10 Eier, weiß mit rötlicher Sprenkelung, BD 14–16 Tage, NZ 16–17 Tage

Typisch

Durch den länglichen weißen Nackenfleck ist die Tannenmeise von allen dunkelköpfigen Meisen gut zu unterscheiden. Sie ist die einzige Meise bei uns mit doppelter Flügelbinde.

VERBREITUNG

BEOBACHTUNGSZEIT/BRUTZEIT

| J | F | M | A | M | J | J | A | S | O | N | D |

Zilpzalp
Phylloscopus collybita

Auf den unscheinbaren Zilpzalp wird man vor allem durch seinen Gesang aufmerksam: Er singt ausdauernd seinen Namen (siehe unten). Der wissenschaftliche Gattungsname Phylloscopus *setzt sich aus den griechischen Wörtern »phyllon« für Blatt und »skopos« für Späher zusammen und bezieht sich auf ein Verhalten der ganzen Laubsänger-Gruppe. Der Zilpzalp hat einen »Doppelgänger«, der sich im Feld nur anhand des Gesangs sicher unterscheiden lässt: den Fitis (*Phylloscopus trochilus*).*

VORKOMMEN unterholzreiche, sonnige Laub- und Mischwälder, Auwälder, Feldgehölze und dichtes Gebüsch, auch Gärten und Parks, bis in 1900 m Höhe; überwintert im Mittelmeerraum, auf dem Zug in Gewässernähe; häufig

GRÖSSE Länge 10–12 cm, FSW 15–21 cm

STIMME ruft einsilbig »huit«; Gesang recht monoton, ausdauernd, Strophen klingen wie »zilp-zalp-zelp-zilp ...«, dazwischen häufig gedämpft »trrr trrr«

NAHRUNG kleine Insekten und Spinnen; ab Herbst auch Beeren, aber seltener als andere Laubsänger

BRUT kugeliges Nest (sog. Backöfchennest) mit seitlichem Eingang, aus Gras, trockenen Blättern und Moos, mit vielen Federn ausgepolstert, in der bodennahen Vegetation versteckt, aber nicht direkt am Boden; 1–2 JB, 4–7 weiße, bräunlich gepunktete Eier, BD 14–15 Tage, NZ 13–15 Tage

VERBREITUNG

BEOBACHTUNGSZEIT/BRUTZEIT

| J | F | M | A | M | J | J | A | S | O | N | D |

LAUBSÄNGER · 49

Überaugenstreif beige,
nicht so deutlich wie beim Fitis

Oberseite olivbraun

Unterseite
hellbeige

Beine dunkel,
beim Fitis heller

Typisch

*Der Zilpzalp ist einer
der häufigsten Vögel in
Mitteleuropa. Er zuckt
oft mit den Flügeln und
schlägt seinen Schwanz
nach unten.*

Blaumeise
Parus caeruleus

Die Blaumeise zählt bei uns zu den häufigsten Kleinvögeln. Ihr Name bezieht sich auf die blaue Gefiederfarbe. So heißt sie in Luxemburg Himmelmes, in der Schweiz Bläueli oder Blauvögeli bzw. Mésange bleue in Frankreich. Um sie in den Garten zu locken, sollte man Blaumeisen einen Nistkasten anbieten, dessen Einflugloch nicht größer als 27 mm ist; dort kommen die stärkeren Kohlmeisen nicht durch.

VORKOMMEN bewohnt alle Lebensräume mit Laubbäumen, wie unterwuchsreiche Laub- und Mischwälder (gern mit Eichen), Feldgehölze, Heckenlandschaften, Parks und Gärten mit Bäumen, Friedhöfe; wichtig sind Baumhöhlen; im Herbst häufig im Schilf

GRÖSSE Länge 11–12 cm, FSW 17–20 cm

STIMME bei Störungen nasales, erregtes Zetern, feine hohe und raue Rufe; Gesang aus gedehnten hellen, reinen Tönen und Trillern

NAHRUNG Insekten, v.a. deren Larven wie Raupen, sowie Spinnen; Knospen, ab Herbst auch Samen, Beeren und Früchte; im Winter Sämereien, Talg und Nüsse an Fütterungen; hangelt bei der Nahrungssuche oft an den äußeren Zweigen mit dem Bauch nach oben

BRUT filziges Nest aus Moos, Pflanzenwolle, Tierhaaren und Federn in Baumhöhlen, Mauerlöchern oder Nistkästen, auch in Briefkästen; 1–2 JB, 7–14 weiße Eier mit rötlicher Zeichnung aus Punkten und Klecksen, BD 12–15 Tage, NZ 16–19 Tage, Junge werden noch ca. 2 Wochen gefüttert

Für ein solches Flugmanöver muss die Blaumeise mehrere Steuerhilfen einsetzen. Sie verändert den Flügelanstellwinkel und die Körperlängsachse, der Schwanz dient als Steuer.

MEISEN · 51

Flügel blau mit schmaler weißer Flügelbinde

Die auffälligen weißen Wangen der Altvögel sind bei den Jungvögeln gelblich.

Schnabel gerade, sehr kurz, dunkel; Kehle dunkelblau, um den Hals zieht sich ein blauer »Schal«

Unterseite gelb, schwacher dunkler Längsstreif auf dem Bauch

VERBREITUNG

BEOBACHTUNGSZEIT/BRUTZEIT

J F M A M J J A S O N D

Typisch

Die Blaumeise ist der einzige blau-gelbe Kleinvogel in Europa. Der Balzflug der Männchen ähnelt dem Flug eines Schmetterlings.

schwarzweiß melierte, spitze Haube

helles, oben und unten schwarz eingefasstes Halsband

schwarzes Kinn

Unterseite gräulich weiß, Flanken gelblich grau

Typisch

Die Haubenmeise zimmert ihre Höhlen in morsches Holz meist selbst. Bei der Nahrungssuche turnt sie mit dem Bauch nach oben an Nadelbaumzweigen. Sie versteckt auch Samen und Insekten hinter Flechten oder in Rindenritzen.

Haubenmeise
Parus cristatus

Die schwarzweiß melierte, spitze Haube ist nicht nur ein auffälliges Bestimmungsmerkmal, sie verleiht dieser Meise auch ein keckes Aussehen. Allerdings sind Haubenmeisen schwer zu Gesicht zu bekommen, denn sie halten sich meist das ganze Jahr über in den Kronen von Nadelbäumen auf. Wenn man sie sieht, dann sind sie vor allem durch die schwarz-weißen Kopfseiten unverkennbar.

VORKOMMEN mehr oder weniger an Nadelwald gebunden, auch Nadelwaldinseln in Parks und großen Gärten, seltener auch Mischwälder, vom Tiefland bis zur Baumgrenze im Gebirge; häufig

GRÖSSE Länge 11–12 cm, FSW 17–20 cm

STIMME schnurrende Rufe wie »ürrrrr-r« oder »zi-zi-gürrrrr«; Gesang eine Aneinanderreihung von rollenden und spitzen Rufen, unauffällig und nur selten zu hören

NAHRUNG vorwiegend Insekten, deren Larven, Spinnen und andere Kleintiere; im Winter v. a. kleine Samen, Vögel kommen auch paarweise an Fütterungen in Waldnähe, nehmen Talgfutter; Nahrungssuche sowohl am Boden als auch in den Baumkronen

BRUT Nest aus Moos, Tier- und Pflanzenwolle und Spinnweben, Mulde mit Federn ausgepolstert, in enger Naturhöhle in Baumstumpf oder Ähnlichem, auch in Baumhöhlen, die die Meisen erweitern, nicht selten in alten Spechthöhlen, beziehen manchmal auch Nistkästen; meist 1 JB, 5–8 weißliche Eier, fein rötlich gefleckt, BD 13–16 Tage, NZ 18–22 Tage, Junge werden nach dem Ausfliegen noch etwa 3 Wochen betreut

VERBREITUNG

BEOBACHTUNGSZEIT/BRUTZEIT
J F M A M J J A S O N D

54 ·

BEOBACHTUNGSZEIT/BRUTZEIT

| J | F | M | A | M | J | J | A | S | O | N | D |

winziger Kegelschnabel

gelber Überaugenstreif

Flügel mit 2 undeutlichen hellen Bändern

Schwanz tief gekerbt

VERBREITUNG

Girlitz
Serinus serinus

Der lautmalerische Name des Girlitzes ist von seinen hohen Rufen abgeleitet, die wie »girlitt« klingen. Die Art stammt ursprünglich aus dem Mittelmeerraum, erst im 19. Jahrhundert hat sie ihr Territorium nach Norden ausgedehnt und ist nach Deutschland eingewandert. Weil der Girlitz im Frühjahr auch Blütenknospen frisst, ist er bei manchen Gärtnern unbeliebt.

VORKOMMEN halboffene kleinräumige Kulturlandschaft mit Baumgruppen, Büschen und krautreichen Flächen, ländlicher Siedlungsbereich mit Parks und Gärten, im Gebirge vereinzelt bis in 2000 m Höhe; überwintert in Südwesteuropa; verbreitet, aber nicht sehr häufig

GRÖSSE Länge 11–12 cm, FSW 18–20 cm

STIMME neben den »girlitt« Rufen typischer hoher, quietschender, schnell vorgetragener Gesang, erinnert an einen ungeölten Kinderwagen; Gesangsvortrag im Singflug mit stark gefächertem Schwanz und weit ausgebreiteten Flügeln oder von erhöhter Warte, etwa einer Antenne oder Baumspitze

NAHRUNG Samen von krautigen Pflanzen, Knospen, selten Insekten

BRUT kunstvolles Napfnest aus Reisig, Würzelchen, Halmen, Moos und Spinnweben, ausgepolstert mit Pflanzenfasern und -wolle, Haaren und Federn, gut versteckt in Bäumen oder hohen Büschen; meist 2 JB, 3–6 Eier, weiß mit braunroten Sprenkeln, BD 12–13 Tage, NZ 14–15 Tage, Junge werden noch ca. 10 Tage weitergefüttert

Typisch

Der Girlitz ist unser kleinster Finkenvogel. Im Flug sieht man den leuchtend gelben Bürzel. Außerhalb der Brutzeit sind Girlitze gesellig und gemeinsam mit Artgenossen auf Nahrungssuche.

Erlenzeisig
Carduelis spinus

Der Name Zeisig ist eingedeutscht, er geht auf osteuropäische Sprachen zurück, etwa auf das polnische »czyz« oder das tschechische »cízek«. Der Vogel wurde lautmalend nach seinem Ruf »tschitschi« benannt. Der Namenszusatz bezieht sich auf eine wichtige Nahrung des Vogels, die Erlensamen. Da sein Gesang an das Schnurren einer Schuhmacher-Nähmaschine erinnern soll, heißen die Vögel mancherorts Schuhmächerle.

VORKOMMEN lichte Nadelwälder und Mischwälder mit Fichten, v. a. im Gebirge, dort am ehesten nahrungssuchend auf Erlen, Weiden und Birken anzutreffen; lückig verbreitet

GRÖSSE Länge 11,5–12,5 cm, FSW 20–23 cm

STIMME ruft im Flug klagend »di-äh« oder »tüli«; Gesang hastig zwitschernd, mit eingestreuten Rufen und Imitationen anderer Vogelarten, endet stets mit gedehntem, gequetschtem Laut

Kennzeichen des Männchens sind die schwarze Kopfplatte, der dunkle Kinnfleck, die grünlich gelben Wangen und der gelbe Überaugenstreif.

BEOBACHTUNGSZEIT/BRUTZEIT

| J | F | M | A | M | J | J | A | S | O | N | D |

Das Weibchen ist viel blasser und unterseits stark gestrichelt. Wie beim Männchen ist der Schwanz tief gekerbt, die äußeren Steuerfedern sind an der Basis gelb.

NAHRUNG Samen von Bäumen und Stauden wie Erlen, Birken, Fichten, Kiefern und Disteln, auch Beeren, Knospen, Insekten und deren Larven; Jungvögel werden ebenfalls mit Samen gefüttert; besuchen im Winter Fütterungen, hangeln so geschickt wie Meisen an den Knödeln, sind recht zänkisch und vertreiben auch größere Vögel von dort

BRUT sehr kleines, tiefes Napfnest aus Würzelchen, Moos, Haaren, Spinnweben und Federn, oft in einer Fichte am Ende eines Zweigs; meist 2 JB, 3–5 Eier, hellblau mit rötlichen oder violetten Flecken, BD 11–13 Tage, NZ 13–15 Tage

VERBREITUNG

Typisch

Nach der Brutzeit turnen Erlenzeisige bei der Nahrungssuche in größeren Trupps laut zwitschernd im Geäst herum. Mit ihren spitzen, feinen Schnäbeln können die geschickten Vögel Samen aus den Zapfen klauben.

58

BEOBACHTUNGSZEIT/BRUTZEIT

| J | F | M | A | M | J | J | A | S | O | N | D |

schwarzer Augenstreif

Gesichtsmaske rot

Scheitel und Nacken schwarz

Flügel schwarz mit gelbem Flügelstreif

weißer Bürzel

Schwanz gekerbt, schwarz mit weißen Flecken

VERBREITUNG

… FINKEN · 59

Stieglitz
Carduelis carduelis

Der Stieglitz ist einer unserer am buntesten gefärbten Kleinvögel. Sein Name leitet sich direkt von seinen Rufen her, die für menschliche Ohren wie »stigelitt« klingen. Ein weiterer bekannter Name ist Distelfink, denn die Vögel ernten gern die Samen von Disteln mit ihrem feinen, spitzen Schnabel. Dabei turnen sie geschickt auf den Köpfen der Disteln, aber auch anderer samentragender Stauden.

VORKOMMEN offene bis halboffene Landschaften wie lichte Laub- und Mischwälder, Waldränder, abwechslungsreiche Kulturlandschaft mit Hecken und Gebüsch, Obstgärten, Parkanlagen, innerhalb von Siedlungen auf Bereichen mit Unkrautfluren, Gärten mit alten Laubbäumen; in Südeuropa häufiger, dort auch mehr in der Nähe der Menschen; häufig

GRÖSSE Länge 12–13 cm, FSW 21–25 cm

STIMME Ruf wie »stigelitt« oder »didlitt«; Gesang melodiös, aus hohen zwitschernden und trillernden Tonfolgen mit eingestreuten Rufen, wird eilig vorgetragen, ist auch außerhalb der Brutzeit zu hören

NAHRUNG hauptsächlich Samen der verschiedensten Pflanzen, v. a. Hochstauden und sog. Unkräuter, auch Baumsamen; zur Brutzeit auch Insekten

BRUT Nest eine solide Schale aus Moos, Halmen, feinen Wurzeln und Federn hoch in einem Baum; 2–3 JB, 4–6 weißliche Eier mit rötlicher und bräunlicher Musterung, BD ca. 12 Tage, NZ 12–15 Tage

Typisch

Durch die Kombination von rotem Gesicht, schwarz-weißem Kopf und auffälligem gelbem Flügelstreif ist der Stieglitz unverkennbar. Im Flug fällt der weiße Bürzel auf.

60 ·

langer, gebogener Schnabel

Spitzen der Handschwingen weiß

Kehle weiß

Bürzel kräftig rostbraun

langer Stützschwanz

Typisch

Mit ihrem langen Schwanz stützen sich die Vögel am Stamm ab, auch beim Seit- oder Rückwärtsklettern. Männchen und Weibchen sind gleich gefärbt.

Gartenbaumläufer
Certhia brachydactyla

Der typische Lebensraum des Gartenbaumläufers ist der Baumstamm. Daran ist er mit seinem rindenfarbenen Gefieder bestens angepasst. An den Stämmen sucht er seine Nahrung. Dabei läuft er ruckartig in Spiralen den Stamm hoch. Oben angekommen, fliegt er in einem Bogen an den Fuß des nächsten Stammes, von wo aus er wieder hochklettert. Im Unterschied zur Zwillingsart, dem Waldbaumläufer (Certhia familiaris)*, hat er kürzere Hinterzehen.*

VORKOMMEN lichte Laub- und Mischwälder, zieht Laubbäume wie Eichen, Ulmen und Eschen vor; auch Parkanlagen und Gärten mit altem Laubbaumbestand, bis in 800 m Höhe; häufig

GRÖSSE Länge 12–13 cm, FSW 18–21 cm

STIMME ruft durchdringend hoch und erstaunlich laut »srii«, bei Beunruhigung ebenso lautstark »tüt tüt tüt«; Gesang eine ansteigende Reihe hoher, dünner Pfeiftöne

NAHRUNG Insekten, deren Larven und Spinnen; im Winter auch winzige Samen; kommt im Winter an Fütterungen, oft zusammen mit gemischten Meisentrupps

BRUT Nest aus Reisig, Moos, Halmen und Rindenstückchen, innen mit Haaren und Federn ausgepolstert, in Baum- und Mauerspalten, hinter abstehender Rinde, auch in Nistkästen, Reisighaufen oder unter dem Dach einer Gartenlaube; 1–2 JB, 4–7 weißliche Eier, rotbraun gefleckt, BD 14–15 Tage, NZ 16–17 Tage

VERBREITUNG

BEOBACHTUNGSZEIT/BRUTZEIT

| J | F | M | A | M | J | J | A | S | O | N | D |

Typisch

Der Gelbspötter hat von allen europäischen Spöttern die weiteste Verbreitung in Europa. Männchen und Weibchen sind gleich gefärbt.

hellgelber Zügelstreif

relativ langer Schnabel

Oberseite graugrün

Unterseite intensiv gelb

Der Gelbspötter singt meist aus der Deckung heraus. Den Vogel hört man vor allem, zu Gesicht bekommt man ihn selten.

ROHRSÄNGERVERWANDTE · 63

Gelbspötter
Hippolais icterina

Der Gelbspötter war bis Anfang des 20. Jahrhunderts in Mitteleuropa ein verbreiteter Gartenvogel. Er gehört zu unseren besten Sängern. In seinen virtuosen Gesang aus flötenden und zwitschernden Tönen baut er Imitationen anderer Vogelstimmen ein. Als Zugvogel mit Winterquartier in Afrika bringt er auf diesem Weg die Gesänge exotischer Vogelarten in heimische Gärten. Zwar steht der Gelbspötter noch nicht auf der Roten Liste, seine Bestände gehen aber kontinuierlich zurück.

VORKOMMEN lichte, unterholzreiche Bruch- und Auwälder, Eichen-Hainbuchen-Wälder, Feldgehölze, Parks und Friedhöfe mit altem Laubbaumbestand, Obstbaumwiesen (Streuobstwiesen); gebietsweise selten

GRÖSSE Länge 12,5–13,5 cm, FSW 20–24 cm

STIMME typische Rufe, die auch in den Gesang eingestreut werden, sind »dedehüi« oder »tätähüi«, auch bussardähnlich »hiäh«; lauter, schwätzender, eilig vorgetragener Gesang, sehr abwechslungsreich, wiederholt die einzelnen Strophen meist 2- bis 4-mal

NAHRUNG Insekten und deren Larven, Spinnen, andere Kleintiere; Jungvögel bekommen anfangs weiche Raupen, dann auch Insekten; im Herbst auch Beeren

BRUT tiefes Napfnest, sorgfältig aus Halmen und anderem Pflanzenmaterial gebaut, innen mit Spinnweben, Wollhaaren oder Birkenbast verfestigt, Neststandort 1,5–2,5 m hoch in höheren Sträuchern oder in Astquirlen von Bäumen; 1 JB, 4–5 lila-rosa Eier mit wenigen dunklen Punkten, BD 12–14 Tage, NZ 13–15 Tage

VERBREITUNG

BEOBACHTUNGSZEIT/BRUTZEIT

| J | F | M | A | M | J | J | A | S | O | N | D |

Mehlschwalbe (KV)
Delichon urbica

Die Mehlschwalbe fällt vor allem durch ihre reinweiße Unterseite auf. Wegen ihres leuchtend weißen Bürzels, der besonders im Flug gut sichtbar ist, trägt sie regionale Namen wie Weißärschel oder Bleckarsch. Da sie im Gegensatz zur Rauchschwalbe (siehe Seite 124/125) immer außen an Gebäuden brütet, heißt sie auch Hausschwalbe. Der wissenschaftliche Gattungsname ist durch Buchstabenverdrehung (Anagramm) aus »Chelidon«, dem griechischen Wort für Schwalbe, entstanden.

VORKOMMEN ursprünglich an Felsen im Gebirge und an der Küste, heute überwiegend im Siedlungsbereich des Menschen, vorwiegend in Dörfern, an Einzelgehöften oder am Stadtrand, bis in 2000 m Höhe; überwintert in Afrika südlich der Sahara; verbreitet

GRÖSSE Länge 12,5–13,5 cm, FSW 26–29 cm

STIMME ruft im Flug leise »trr trr«, »dschrb« oder »brüd«, Warnrufe ein hohes, durchdringendes »zier«; Gesang aus kurzen, schwatzenden und zwitschernden Strophen

Für den Bau ihrer Nester sind Mehlschwalben auf offene lehmige Böden angewiesen. Den Lehm transportieren sie in kleinen Klümpchen im Schnabel.

SCHWALBEN · 65

VERBREITUNG

Aus den Lehmnestern ragen keine Halme oder andere Pflanzenteile heraus. Sie wirken ordentlicher als die Nester der Rauchschwalbe.

NAHRUNG kleine, fliegende Insekten; Nahrungssuche oft im Trupp fliegend; Junge bekommen Insekten, die mit Speichel zu Futterbällchen geformt sind

BRUT Nest aus Lehmklümpchen, innen mit Moos, Pflanzenfasern und Federn ausgepolstert, an Außenwänden von Gebäuden, vorwiegend unter vorspringenden Dächern, auch unter Brücken, an Felsen in Gebirgen und an Küsten, Koloniebrüter, meist mehrere Nester nebeneinander; 2–3 JB, 3–5 weiße Eier, BD 12–13 Tage, NZ 16–23 Tage, bei schlechtem Wetter können sich BD und NZ verlängern

Typisch

Die kunstvollen Schlammnester sind bis auf ein kleines Einflugloch vollständig geschlossen. Der Flug der Mehlschwalbe ist nicht so rasant wie der der Rauchschwalbe, sie legt häufiger auch Flatterphasen ein oder gleitet in langen Bögen.

BEOBACHTUNGSZEIT/BRUTZEIT

| J | F | M | A | M | J | J | A | S | O | N | D |

Der Teichrohrsänger ist wenig scheu und lässt sich gut beobachten.

Oberseite ungemustert, grau- bis rotbraun

Schnabel relativ lang

Kehle auffällig hell

Unterseite cremeweiß, an den Flanken mehr ocker

Typisch

Die Vögel klettern geschickt an Schilfhalmen nach oben, auch während sie singen.

Teichrohrsänger
Acrocephalus scirpaceus

Der wissenschaftliche Gattungsname Acrocephalus *setzt sich aus den griechischen Wörtern »akros« für spitz und »kephale« für Kopf zusammen und bezieht sich auf die spitze Kopfform der Rohrsänger. Der Teichrohrsänger ist in Mitteleuropa der häufigste Rohrsänger in Schilfgebieten.*

VORKOMMEN fast ausschließlich in Schilfbeständen, auch in Schilfinseln im Wiesengelände, gelegentlich auch in Feldern mit höherem Bewuchs, nur auf dem Zug auch in wasserfernen Gebüschen und Bäumen, im Bergland bis in mittlere Lagen; überwintert im tropischen Afrika; im Tiefland weit verbreitet

GRÖSSE Länge 12,5–14 cm, FSW 18–21 cm

STIMME ruft kurz und unauffällig »tschk« oder »dsche«, bei Störung knarrend »wäd«; rhythmischer Gesang aus knarrenden und rauen Tonfolgen, etwas gemächlich, Silben werden 2- bis 3-mal wiederholt, wie »tiri-tiri-tiri-schirk-schirk-schirk-zerr-zerr«

NAHRUNG vorwiegend kleine Insekten, aber auch Spinnen und winzige Schnecken

BRUT stabiles Napfnest mit tiefer Mulde, zwischen Schilfstängeln aufgehängt, besteht aus Gräsern, Schilfblättern und -rispen; 1–2 JB, 3–5 blass grünliche Eier, dicht dunkel graugrün gefleckt, BD 10–12 Tage, NZ 11–14 Tage, die Jungen verlassen noch nicht flugfähig das Nest, sind erst mit 17–18 Tagen flügge

VERBREITUNG

BEOBACHTUNGSZEIT/BRUTZEIT

| J | F | M | A | M | J | J | A | S | O | N | D |

Das Orangerot an Brust, Kehle und Gesicht stand Pate für den Namen. Auch regionale Namen wie Rotbrüschtli, Rostbrüsterle, Kehlrötchen oder Rötele nehmen darauf Bezug. Die recht aggressiven Kerlchen attackieren alles, was rot ist, gelegentlich sogar ihr eigenes Spiegelbild. Am Boden bewegen sie sich hüpfend vorwärts. Bei Gefahr verschwinden sie schnell in Deckung. Sie gewöhnen sich rasch an die Nähe des Menschen und suchen auch dann Nahrung, wenn man im Garten neben ihnen arbeitet.

VORKOMMEN unterholzreiche Wälder aller Art, kleinräumige Kulturlandschaft mit Feldgehölzen, Hecken und Gebüsch, im Gebirge bis zur Baumgrenze, gut strukturierte Parks und Gärten, auch inmitten von Großstädten; häufig

GRÖSSE Länge 13–14 cm, FSW 20–22 cm

STIMME kurzer, hoher, bei Erregung abgehackter Ruf wie »zick«, oft zu einem »Schnickern« gereiht; Gesang variabel und sehr melodisch, von der frühen Dämmerung bis weit in den Abend hinein zu hören, enthält perlende, trillernde Folgen mit melancholischem Klangcharakter

NAHRUNG Insekten und deren Larven, Spinnen, andere Wirbellose, auch Beeren und Samen; Nahrungssuche auf dem Boden oder Anflug auf Beute von einer niedrigen Ansitzwarte aus; kommt im Winter auch an Fütterungen

BRUT napfförmiges Nest aus Blättern, Halmen, Moos und Haaren, gut geschützt im Bodenbewuchs oder einer Höhlung im Boden, in Mauerlöchern, in dichtem Efeu, beziehen auch niedrig hängende Halbhöhlen-Nistkästen; 2 JB, 4–6 rahmfarbene Eier, BD 12–15 Tage, NZ 14–15 Tage

VERBREITUNG

BEOBACHTUNGSZEIT/BRUTZEIT

| J | F | M | A | M | J | J | A | S | O | N | D |

SCHNÄPPERVERWANDTE · 69

Rotkehlchen
Erithacus rubecula

Gesicht bis Brust
orangerot

Oberseite und Schwanz
graubraun

Unterseite
weißlich

Typisch

Das Rotkehlchen ist eine der wenigen Vogelarten, bei denen auch die Weibchen singen. Beide Geschlechter besetzen außerhalb der Brutzeit Reviere, die sie gegen Artgenossen verteidigen.

70 ·

VERBREITUNG

dunkler Schnabel

rotbraune Kappe

*weiße Kopfseiten mit
schwarzem Wangenfleck*

schwarzes Kinn

weiße Flügelbinde

BEOBACHTUNGSZEIT/BRUTZEIT

J F M A M J J A S O N D

Feldsperling (KV)
Passer montanus

Der Feldsperling ist der scheuere Bruder des allbekannten Haussperlings und ist hauptsächlich in ländlicher Gegend zu Hause (Name!). Durch die Ausräumung der kleinräumigen Kulturlandschaft sind seine Bestände teilweise stark zurückgegangen, weil dadurch auch Nistmöglichkeiten und Nahrungsgründe verloren gingen. Trotz seines wissenschaftlichen Artnamens montanus, *der Berg bedeutet, meidet der Feldsperling bei uns das Hochgebirge.*

VORKOMMEN offene kleinräumige Kulturlandschaft mit Hecken, Gebüschen, Feldgehölzen, Obstgärten, Parks an Dorf- und Stadträndern, bei uns nie innerhalb von Städten

GRÖSSE Länge 13–14 cm, FSW 19–21 cm

STIMME ruft im Flug hart »tek-tek-tek«, auch nasal »tschick«; das rhythmische Tschilpen, der Gesang, ähnelt dem des Haussperlings, ist aber höher

NAHRUNG Samen von Gräsern, Stauden und Kräutern, außerdem Insekten, für die Jungen Insekten; Nahrungssuche auf dem Boden; im Winter bei Nahrungsmangel auch an Futterhäuschen

BRUT Nest aus Reisig, Halmen, Federn und Haaren in einer Höhle, gern Baumhöhle, aber auch in Nistkästen, Felsspalten, Mauerlöchern oder in Hecken, Höhle wird oft bis unters Dach mit Nistmaterial aufgefüllt; 2–3 JB, 3–7 Eier, gräulich beige gefärbt mit dunklen Sprenkeln, BD 11–14 Tage, NZ 15–20 Tage

Typisch

Feldsperlinge fliegen gewandter als Haussperlinge. Im Winter trifft man sie auch in gemischten Trupps mit Haussperlingen an. Im Gegensatz zum Haussperling sind beim Feldsperling Weibchen und Männchen gleich gefärbt.

Bluthänfling *(KV)*
Carduelis cannabina

Das kennzeichnende Rot an Brust und Kopf stand Pate für den Namen Bluthänfling, aber auch für manche regionale Bezeichnungen wie Blutströpfli, Rotbrüster, Rotkopf oder Rotblattl. Die rote Färbung des sogenannten Prachtkleids ist allerdings nur zur Brutzeit sichtbar; im Schlichtkleid sind diese Gefiederpartien braunrot gefärbt.

VORKOMMEN Heidelandschaften, Trockenhänge mit Wacholder, auch oberhalb der Waldgrenze; offene, trockene Kulturlandschaft mit Hecken, Feldgehölzen und dichtem Gebüsch sowie samentragenden Hochstaudenfluren; auch in Gärten und Parks, Friedhöfen, Weinbergen

GRÖSSE Länge 13–14 cm, FSW 21–25 cm

STIMME wohltönender Gesang mit plaudernden, trillernden, pfeifenden und geckernden Lauten, meist von Baumspitzen aus vorgetragen; nasal geckernde Rufe

NAHRUNG Samen von Kräutern, Stauden und Bäumen; zur Jungenaufzucht Insekten und Spinnen, aber weniger als bei anderen Finken; Nahrungssuche v.a. auf dem Boden; besuchen keine Fütterung

BRUT Nest ein kunstvoller Napf aus feinen Zweigen, Halmen, Wurzeln und Moos, ausgepolstert mit Wolle, Haaren und Federn, gut versteckt niedrig im Gebüsch; brüten häufig in lockeren kleinen Kolonien 2–3 JB; 4–6 Eier, hellblau mit rötlichen und dunklen Sprenkeln und Kritzeln, BD 11–14 Tage, NZ 11–14 Tage

Weibchen haben nie rote Gefiedermerkmale, sie sind matter gefärbt und insgesamt stärker gestrichelt.

FINKEN · 73

Schnabel kurz, konisch, grau

Kopf bräunlich grau, heller Ohrdeckenfleck, helle Augenumgebung

Prachtkleid mit rotem Stirnfleck und roter Brust

Flügel dunkel, weiße Handschwingenränder bilden im Flug ein diffuses helles Feld

Beine dunkel

VERBREITUNG

BEOBACHTUNGSZEIT/BRUTZEIT

| J | F | M | A | M | J | J | A | S | O | N | D |

Typisch

Das singende Männchen sitzt während seines Liedvortrags oft aufrecht auf der Spitze eines Busches. Es plustert dabei seine rote Brust auf.

Der Kleiber verhält sich zur Brutzeit auffallend aggressiv. Er vertreibt andere Höhlenbrüter aus ihren Höhlen, selbst wenn diese schon brüten. Dann verklebt er den Eingang mit einer Mischung aus Speichel und Lehm oder feuchter Erde, damit nur noch er Zugang hat. Auf dieses Zukleben bezieht sich sein Name. Spechtmeise wird er auch genannt, weil er hartschalige Samen mit seinem spechtähnlichen Schnabel in Rindenspalten eingeklemmt bearbeitet.

VORKOMMEN ältere Laub- und Mischwälder, Alleen und Hecken, Feldgehölze, Parks und Gärten mit grobborkigem Baumbestand, auch mitten in Großstädten; weit verbreitet und häufig

GRÖSSE Länge 13–14,5 cm, FSW 18–22 cm

STIMME ruft schallend »twitt«, meist gereiht, ist häufig zu hören; Gesang durchdringend und laut aus flötenden, pfeifenden und trillernden Tönen

NAHRUNG Insekten, deren Larven und Spinnen, die sie in Rindenspalten stochernd suchen; Baumsamen und Beeren; verstecken die Samen für nahrungsarme Zeiten in Spalten und hinter Baumrinde; besuchen im Winter auch Fütterungen, verhalten sich dort recht streitbar und verdrängen die anderen Vögel

BRUT Nest aus Kiefernrinde und alten Blättern in einer Baumhöhle, die von einem Specht gezimmert worden war, bezieht auch Nistkästen; 1 JB, 6–8 Eier, milchig-weiß mit rötlichen Punkten, BD 13–15 Tage, NZ ca. 3 Wochen

Typisch

Der Kleiber klettert ruckartig an Stämmen und Ästen. Er ist bei uns der einzige Vogel, der den Stamm auch kopfüber hinunterlaufen kann. Durch die kopflastige, gedrungene Silhouette und die Farbverteilung ist er kaum mit einer anderen Vogelart zu verwechseln.

BEOBACHTUNGSZEIT/BRUTZEIT

| J | F | M | A | M | J | J | A | S | O | N | D |

FINKEN · 75

Kleiber
Sitta europaea

Schnabel kräftig, spitz, spechtartig

schwarzer Augenstreif

Oberseite und Bürzel blaugrau

Unterseite hell rostfarben

Zehen mit starken Krallen

VERBREITUNG

Typisch

Kohlmeisen halten sich öfter am Boden auf als andere Meisen. Sie sind gut an der Kombination aus gelber Unterseite mit schwarz-weißem Kopf zu erkennen. Die Weibchen sind etwas matter gefärbt und tragen einen schmalen Bauchstreif.

Kopf und Kehle schwarz, Wangen weiß

Rücken olivgrün

eine weiße Flügelbinde

Brust und Bauch gelb

Beine blaugrau

VERBREITUNG

BEOBACHTUNGSZEIT/BRUTZEIT

J F M **A M J** J A S O N D

Kohlmeise
Parus major

Die Kohlmeise ist unsere größte Meise. Aufgrund ihrer hohen Anpassungsfähigkeit ist sie zahlenmäßig auch die häufigste Meise. Den meisten ist sie bekannt, weil sie zutraulich wird und manchmal sogar auf die Hand kommt. Der Name Kohlmeise leitet sich vom schwarzen Kopf ab. Darauf beziehen sich auch regionale Namen wie Brantmeyse oder Brandmeise. Da sie gern Talg oder Speck frisst, heißt sie in Schweden Talgoxe, im Dänischen kijedmeis (Fleischmeise).

VORKOMMEN lichte Wälder aller Art von der Meeresküste bis an die Baumgrenze, Parks und Gärten, Friedhöfe, auch mitten in Städten, wenn es Bäume gibt

GRÖSSE Länge 13–14,5 cm, FSW 22–26 cm

STIMME sehr variabel, u. a. zeternde Rufe wie »dsche dsche dsche«, auch gedämpft »dä dä dä«; Gesang das sogenannte Läuten, wie »zizidä« oder »zizipe«

NAHRUNG Insekten und deren Larven, Spinnen und andere Wirbellose, Samen, Früchte; Nahrungssuche im Geäst kletternd, aber auch auf dem Boden, etwa im Falllaub wühlend; besucht im Winter auch Fütterungen, verhält sich dort recht zänkisch

BRUT Nestunterlage aus Moos, Halmen und trockenen Blättern, die Mulde wird mit Haaren, Fasern und Federn ausgepolstert, Neststandort eine Baumhöhle, Mauerritze oder ein Nistkasten; 2 JB, 6–12 weiße Eier mit rötlich braunen Tupfen, BD 13–15 Tage, NZ ca. 3 Wochen

Das Männchen erkennt man am breiteren schwarzen Bauchstreif.

Dieses Männchen ist von einer Warte gestartet und hat in Fliegenschnäpper-Manier ein Insekt aus der Luft erbeutet.

Gartenrotschwanz (KV)
Phoenicurus phoenicurus

Auf den Gartenrotschwanz wird man aufmerksam, weil er seine wehmütigen, melodischen Strophen bereits im Morgengrauen singt. Das auffällige Rot im Gefieder hat ihm zu regionalen Namen wie Rotbrantele oder Brantele verholfen. Aus diesem Grund wurde der Gartenrotschwanz auch vielerorts mit Feuer in Verbindung gebracht. Paradoxerweise galt er entweder als Unglücksvogel, der Feuer bringt, oder aber als Glücksbringer, der davor schützen sollte.

VORKOMMEN lichte Laub- und Mischwälder mit altem Baumbestand, auch lichte Nadelwälder, Streuobstflächen, innerhalb von Siedlungen in Parks und Gärten mit alten Bäumen, im Gebirge bis in 2000 m Höhe; überwintert in Zentralafrika; weit verbreitet, doch regional selten geworden

GRÖSSE Länge 13,5–14,5 cm, FSW 20–24 cm

VERBREITUNG

SCHNÄPPERVERWANDTE • 79

STIMME ruft bei Störungen hart
»huid-teck-teck«; Gesangsstrophen
beginnen mit einem hohen Pfeifton
und einigen tieferen melodischen
und rauen Tönen, dann ein variabler
flötender Teil, in den auch Imitationen anderer Vögel eingebaut sein
können; Gesang wird von hoher Warte
aus vorgetragen

NAHRUNG Insekten und Spinnen,
die bodennah erbeutet werden, auch
Beeren

BRUT Napfnest aus Zweigen, feinen
Wurzeln, Moos und Halmen in Baum-
oder Mauernischen, Baumhöhlen oder auch Nistkästen; meist 2 JB,
5–7 blass türkisfarbene Eier, BD 12–15 Tage, NZ 12–15 Tage

> *Typisch*
>
> *Das Männchen des Gartenrotschwanzes ist durch die Farbverteilung von weißer Stirn, Schwarz an Kopf und Kehle sowie Rostbraun unverkennbar. Die Vögel knicksen und zittern permanent mit dem Schwanz.*

BEOBACHTUNGSZEIT/BRUTZEIT

| J | F | M | A | M | J | J | A | S | O | N | D |

Das Weibchen ist viel matter gefärbt als das Männchen, sein Schwanz ist aber ebenfalls leuchtend rostrot.

Hausrotschwanz
Phoenicurus ochruros

Der Hausrotschwanz ist ein Bewohner der mit Felsblöcken übersäten Hänge, Felsen und Schluchten im Gebirge bis in 3000 m Höhe. Heutzutage hat er aufgrund von Urbanisierung in vielen Gegenden Europas die Felswände gegen die Mauern der Städte eingetauscht. Wegen der rußschwarzen Färbung wird er in den Alpen Rußvogel genannt.

VORKOMMEN ursprünglich Gebirge und Felsregionen, hat sich von dort ausgebreitet in das Flachland, Steinbrüche, Häuser und andere Bauwerke in Siedlungen, auch inmitten von Großstädten, Industrieanlagen; überwintert im Mittelmeergebiet; häufig

GRÖSSE Länge 13,5–14,5 cm, FSW 23–26 cm

Vom überwiegend rußgrauen Gefieder des Männchens setzen sich ein helles Flügelfeld und der rostrote Schwanz ab.

VERBREITUNG

SCHNÄPPERVERWANDTE · 81

Das Weibchen ist unscheinbar dunkel graubraun gefärbt. Es ähnelt dem Gartenrotschwanz-Weibchen, ist aber deutlich dunkler.

STIMME ruft hart »huid-teck-teck« oder scharf »fst«, oft gereiht; kurzer dreiteiliger Gesang, eingeleitet von kurzen Pfeiftönen, denen gepresst klingende, kratzende Laute folgen, den Schluss bilden wieder hohe Pfeiftöne

NAHRUNG Insekten, deren Larven und Spinnen, Insektenjagd oft im Flug, aber auch am Boden; im Herbst auch Beeren, Früchte und Samen

BRUT Napfnest aus Moos, Halmen, feinen Zweigen und Federn in Nischen, Löchern oder Höhlungen von Mauern, unter Dächern oder im Schutz eines Gebäudes, bezieht auch Halbhöhlen-Nistkästen; 2 JB, 4–6 weiße Eier, BD 13–17 Tage, NZ 13–19 Tage

BEOBACHTUNGSZEIT/BRUTZEIT

J	F	M	A	M	J	J	A	S	O	N	D

Typisch

Der Hausrotschwanz zittert bei Erregung mit seinem Schwanz. Das Männchen beginnt bereits sehr früh am Morgen noch vor Sonnenaufgang zu singen, meist von einem Hausdach aus. Die Vögel singen auch außerhalb der Brutzeit.

BEOBACHTUNGSZEIT/BRUTZEIT

| J | F | M | A | M | J | J | A | S | O | N | D |

Schnabel lang und schlank

Wangen bräunlich

Rücken und Flügel braun mit kräftiger dunkler Längsstrichelung

Kopf und Brust bleigrau

Typisch

Heckenbraunellen sitzen oft auf dem Boden oder huschen und hüpfen dort in geduckter Haltung wie eine Maus umher. Weibchen und Männchen sind gleich gefärbt.

VERBREITUNG

Heckenbraunelle
Prunella modularis

Die Heckenbraunelle kommt fast ausschließlich in Europa vor. Durch ihre unauffällige braune Färbung und die versteckte Lebensweise in Bodennähe ist sie leicht zu übersehen. Ihr Name weist auf ein bevorzugtes Element in ihrem Lebensraum hin: Hecken und Gebüsche. Die Vögel sind häufig Wirtsvögel des Kuckucks. Um den viel größeren Jungvogel zu füttern, sitzen die Altvögel dann auf dessen Rücken.

VORKOMMEN Randbereiche unterwuchsreicher Misch- und Nadelwälder, Feldgehölze und Heckenlandschaften, Parks, gut strukturierte Gärten, Friedhöfe, im Gebirge bis über 2000 m Höhe; meist häufig

GRÖSSE Länge 13,5–14,5 cm, FSW 19–21 cm

STIMME Warnruf laut pfeifend »dsiieht«, unauffällig und leise »didi«; Gesang laut zwitschernd und quietschend, leicht auf- und absteigend, Gesangsvortrag von einer Warte auf einer Busch- oder Baumspitze oder einem Hausdach aus; singt auch im Herbst und Winter

NAHRUNG Insekten und deren Larven, Wirbellose wie kleine Schnecken, im Winter auch Samen; besucht auch Fütterungen

BRUT tiefes Napfnest aus Moos und Flechten auf einem Unterbau aus Zweigen, in dichten Büschen oder Nadelbäumen nicht weit vom Boden entfernt versteckt; 2 JB, 4–6 türkisblaue Eier, BD 11–14 Tage, NZ ca. 13 Tage

Nur kurz gesehen, könnte man eine Heckenbraunelle mit einem Hausspatz-Weibchen verwechseln.

Schwanzmeise
Aegithalos caudatus

Auf den langen Schwanz, er misst 9 bis 10 cm, nehmen nicht nur der wissenschaftliche Artname caudatus *und der deutsche Name Bezug, sondern auch regionale Namen wie Stangenmeise, Löffelmeise oder Sterzmeise. Der Schweizer Arzt und Naturforscher Conrad Gesner nannte sie liebevoll Pfannenstielchen.*

VORKOMMEN unterwuchsreiche Laub- und Mischwälder, Auwälder, Feldgehölze, Streuobstwiesen, Gärten und Parks, oft auch in der Nähe von Gewässern; weit verbreitet, aber nicht häufig

GRÖSSE Länge 13–15 cm, FSW 16–19 cm

STIMME ruft hoch dreisilbig »tsi-si-si« oder »tschrr«; Gesang fein trillernd, zirpend und zwitschernd, selten zu hören

NAHRUNG kleine Insekten und deren Larven, Spinnen; besucht im Winter auch Fütterungen, nimmt dort Fettfuttermischung

BRUT großes, kunstvoll gefügtes Beutelnest mit seitlichem Eingang, häufig in Dornbüschen oder Astgabeln verwoben, Nestbaumaterial sind Moos, Tier- und Pflanzenwolle, oft auch Papier- und Plastikstreifen, außen wird der Beutel mit Flechten getarnt, innen mit vielen Federn ausgepolstert; 1–2 JB, 8–10 weißliche Eier, meist ungefleckt, BD 12–14 Tage, NZ 14–16 Tage

Typisch

Die Strecke von einem Baum zum nächsten überwinden Schwanzmeisen in einem charakteristischen hüpfenden Flug. Bei der Nahrungssuche turnen sie rastlos im Gezweig, auch an den äußersten Zweigspitzen.

BEOBACHTUNGSZEIT/BRUTZEIT

| J | F | M | A | M | J | J | A | S | O | N | D |

SCHWANZMEISEN · 85

auffällig langer Schwanz

Kopf der nordeuropäischen Unterart weiß, die Unterart Mitteleuropas hat einen breiten, dunklen Scheitelseitenstreif

Schulterfedern rosa

VERBREITUNG

Mönchsgrasmücke
Sylvia atricapilla

»Grasmücke« bezieht sich interessanterweise weder auf Gras noch auf Mücken, sondern leitet sich von den altdeutschen Begriffen »graw« für grau (Gelbfiederfarbe) und »smücken« für sich verstecken her. Forschungen des Radolfzeller Max-Planck-Instituts zu Folge könnte das seit den 1960er-Jahren veränderte Zugverhalten dieser Vogelart ein Frühindikator für den Klimawandel sein (siehe unten).

VORKOMMEN lichte Laub- und Nadelwälder bis in 1600 m Höhe, Auwälder, Schonungen, Heckenlandschaften, Parks und Gärten mit Hecken und dichtem Gebüsch, auch in Städten, wenn sie genug Nahrung findet

GRÖSSE Länge 13,5–15 cm, FSW 20–23 cm

Ursprünglich überwinterte die Mönchsgrasmücke (hier ein Männchen) im Mittelmeerraum. Heute ziehen Teilpopulationen nach Großbritannien.

Die Weibchen erkennt man an der rotbraunen Kopfplatte. Sie sind insgesamt eher bräunlich gefärbt.

STIMME ruft hart wiederholt »tzäck« oder »täck«; Gesang aus zwei Elementen: hastig zwitschernder und schwätzender, relativ leiser Vorgesang, wohltönender, laut flötender »Überschlag«

Typisch

Die Mönchsgrasmücke ist bei uns die häufigste und am weitesten verbreitete Grasmückenart.

NAHRUNG Insekten und deren Larven, Spinnen; im Herbst viele Beeren, um sich eine Speckschicht für den Zug anzufressen; vereinzelt bleiben Mönchsgrasmücken im Winter schon hier und sind dann an Fütterungen zu beobachten

BRUT zierliches Nest aus Stängeln, trockenen Halmen und feinen Wurzeln, mit Spinnweben durchwoben, in dichtem Gebüsch oder Gestrüpp niedrig über dem Boden; 2 JB, 4–6 weißliche oder blass rotbraune Eier, rötlich gefleckt, BD 10–16 Tage, NZ 11–15 Tage

VERBREITUNG

BEOBACHTUNGSZEIT/BRUTZEIT

| J | F | M | A | M | J | J | A | S | O | N | D |

In der typischen aufrechten Sitzhaltung erkennt man die graubraune Oberseite, die gestreifte Stirn und Brust.

Typisch

Der Grauschnäpper erbeutet Insekten im Flug von freien Hochwarten aus.

നിൽക്കട്ടെ

Grauschnäpper
Muscicapa striata

Der wissenschaftliche Gattungsname Muscicapa leitet sich von den lateinischen Wörtern »musca« für Fliege und »capere« für fangen ab und bezieht sich wie der deutsche Name Fliegenschnäpper auf die typische Luftjagd dieser Vogelgruppe, deren Schnabel daran perfekt angepaßt ist. Seine Basis wird durch Borsten verbreitert, dadurch wird die Kescherwirkung erhöht. Der Artname striata beschreibt das gestrichelte Aussehen der Vögel an Kopf und Brust.

VORKOMMEN lichte Laub- und Nadelwälder, lichte Auwälder, Waldränder, Feldgehölze, Streuobstflächen, Parks und große Gärten; brütet oft auch an Häusern; Langstreckenzieher, überwintert im südlichen und tropischen Afrika; häufig

GRÖSSE Länge 13,5–15 cm, FSW 23–25 cm

STIMME ruft scharf »pst« oder fein »ziieh«, bei Gefahr hektisch »tektektek«; Gesang leise, aus wispernden, gepressten und kratzigen Tönen

NAHRUNG fliegende Insekten; bei Insektenmangel auch andere Kleintiere und Beeren

BRUT Nest in Halbhöhlen in Bäumen, etwa hinter abstehender Rinde oder in ausgefaulten Astlöchern, Mauernischen oder Halbhöhlen-Nistkästen, nicht selten auf Dachbalken oder hinter Efeu an begrünten Fassaden, bezieht aber auch vorjährige Nester anderer Vögel; 2 JB, 4–6 blassgrüne Eier, rötlich braun gefleckt, BD 12–14 Tage, NZ 12–15 Tage

VERBREITUNG

BEOBACHTUNGSZEIT/BRUTZEIT

J	F	M	A	M	J	J	A	S	O	N	D

Typisch

Besonders im Flug fallen der gelbe Flügelfleck und die gelben Schwanzkanten auf.

graue Wangen

Oberseite grünlich grau

Flügelfeld beim Weibchen bräunlich (Foto), beim Männchen grau

gelber Flügelfleck

Grünfink
Carduelis chloris

Der Grünfink oder Grünling ist einer der häufigsten Brutvögel bei uns. Im Prachtkleid ist das Männchen überwiegend grün, das Weibchen (Foto) ist insgsamt unscheinbarer gefärbt. Dies kommt sowohl im deutschen Namen als auch im wissenschaftlichen Artnamen chloris *zum Ausdruck. Auf seine Körnernahrung beziehen sich regionale Namen wie Raps-, Reps- oder Hirsefink.*

VORKOMMEN lichte Mischwälder, Waldränder und Feldgehölze, Alleen, Hecken, kleinräumige Kulturlandschaft mit Hecken, Obstgärten, regelmäßig in Parks, Friedhöfen und Gärten innerhalb von Städten; häufig

GRÖSSE Länge 14–15 cm, FSW 25–27 cm

STIMME ruft beim Abfliegen oft klingelnd »gügügü«, bei Gefahr gedehnt »dschuie«, bei Streitigkeiten schnarrend »tsrrr«; Gesang kanarienvogelartig, mit Trillern, klingelnden und pfeifenden Lauten, baut Imitationen anderer Vogelarten ein; Gesangsvortrag von einer Warte aus oder im fledermausartigen Singflug

NAHRUNG Samen, Beeren und Blüten, zeitweise auch Knospen und Insekten; kommt im Winter an Fütterungen, verhält sich dort recht streitbar, nimmt dann ölhaltige Samen wie Sonnenblumenkerne oder Früchte

BRUT Napfnest aus dünnen Zweigen, Wurzeln und Halmen, innen mit Moos und Federn ausgepolstert, meist nicht sehr hoch in Büschen oder jungen Bäumen, auch auf Balkonen; 2–3 JB, 4–6 weißliche Eier, spärlich braun gefleckt, BD 11–14 Tage, NZ 15–18 Tage, Junge werden noch etwa 2 Wochen nach dem Ausfliegen gefüttert

VERBREITUNG

BEOBACHTUNGSZEIT/BRUTZEIT

| J | F | M | A | M | J | J | A | S | O | N | D |

Bergfink
Fringilla montifringilla

Bergfinken sind sogenannte Invasionsvögel, die in manchen Jahren zu mehreren Hunderttausenden bei uns überwintern, in anderen Jahren dagegen wenig zahlreich sind. Das hängt zum einen von der Härte der Winter in ihrer nordischen Brutheimat ab, zum anderen von der Anzahl der Jungvögel. In Jahren, in denen sehr viele Tiere bei uns überwintern, kann es vorkommen, dass sie zu Tausenden auf den Straßen sitzend Samen, vor allem Bucheckern, fressen.

VORKOMMEN bei uns nur Durchzügler und Wintergast, dann bevorzugt in Buchenwäldern, kommt aber auch in Parks und Gärten und besucht dann Fütterungen; bewohnt in Nordeuropa lichte Nadel-, Misch- und Laubwälder der Taiga, gern in Birkenwäldern in den Bergregionen

GRÖSSE Länge 14–16 cm, FSW 25–27 cm

STIMME quäkende, nasale Rufe wie »dschäi«, Flugruf »jäk« oder »jiek«, kürzer und härter als Buchfink; Gesang monoton kreischend, wenn mehrere Männchen singen, klingt es wie eine entfernte Kreissäge

NAHRUNG zur Brutzeit Insekten, deren Larven und Spinnen; im Winterquartier Baumsamen wie Eicheln oder Bucheckern, Sämereien, an Futterhäuschen Sonnenblumenkerne, Nüsse oder Beeren

BRUT Napfnest aus Moos, Halmen, Flechten und Spinnweben, innen mit Federn ausgepolstert, meist bis 8 m hoch in einer Birke oder einem Nadelbaum; 1 JB, 5–7 hellblaue, rötlich gefleckte Eier, BD 13–14 Tage, NZ ca. 14 Tage

VERBREITUNG

BEOBACHTUNGSZEIT/BRUTZEIT

| J | F | M | A | M | J | J | A | S | O | N | D |

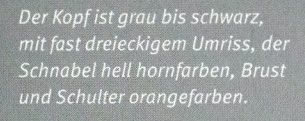

Der Kopf ist grau bis schwarz, mit fast dreieckigem Umriss, der Schnabel hell hornfarben, Brust und Schulter orangefarben.

Typisch

Der Bergfink sucht meist im Trupp mit anderen Finken oder Ammern am Boden nach Nahrung. Beim Auffliegen erkennt man ihn an seinem leuchtend weißen Bürzel.

Buchfink
Fringilla coelebs

Der Buchfink ist der zahlenmäßig häufigste unserer heimischen Finken. Während die in Mitteleuropa ansässigen Populationen häufig ganzjährig in den Brutgebieten verbleiben, leben die in Ost- und Nordeuropa beheimateten Tiere als Zugvögel. Im Winterhalbjahr ziehen sie in klimatisch günstigere Regionen in Süd- bis Westeuropa und Nordafrika. In den Wintergebieten leben die Vögel in Trupps, die sich häufig nur aus einem Geschlecht zusammensetzen, denn die Weibchen ziehen schneller und legen längere Strecken zurück.

VORKOMMEN einer unserer häufigsten Vögel in Gärten und Parks; bewohnt fast alle Arten von Wäldern, Kulturlandschaft mit Feldgehölzen und Hecken, Obst- und Weingärten, im Gebirge bis zur Baumgrenze

GRÖSSE Länge 14–16 cm, FSW 25–28 cm

Scheitel und Nacken sind beim Männchen blaugrau, Wangen, Brust und Bauch braunrot, die Flügel haben zwei weiße Flügelbinden.

VERBREITUNG

Beim Weibchen ist das Braunrot des Männchens ersetzt durch Graubraun.

STIMME häufigster Ruf (sogenannter Regenruf) »wrüp« oder »wrüip«, außerdem bei Gefahr scharf »pink«; Gesang eine schmetternde Strophe, in der Tonhöhe ansteigend, am Ende abfallend, wird im Volksmund umschrieben mit »Was bin ich für ein schöner Bräutigam«

NAHRUNG Samen von Kräutern und Stauden, Beeren, auch Insekten und deren Larven sowie Spinnen; geht an Fütterungen, dort meist am Boden unter den Futterhäuschen

BRUT dickwandiges Napfnest aus Wurzeln, Fasern, Halmen, Flechten und Moos, innen mit Flaum und Pflanzenfasern ausgepolstert, Neststandort in dichten Büschen, Sträuchern (Hecken) oder kleineren Bäumen, auch in Spaliergehölzen; 1–2 JB, 3–6 hellblaue Eier mit rötlich braunen Flecken, BD ca. 12 Tage, NZ ca. 14 Tage, Junge werden danach noch etwa 1 Woche von den Altvögeln gefüttert

Typisch

Bei der Nahrungssuche auf dem Boden trippeln Buchfinken mit ruckartigen Kopfbewegungen, sie hüpfen nicht wie andere Finken. Im Flug ist die doppelte weiße Flügelbinde ein gutes Bestimmungsmerkmal.

BEOBACHTUNGSZEIT/BRUTZEIT

| J | F | M | A | M | J | J | A | S | O | N | D |

Baumpieper (KV)
Anthus trivialis

Der Baumpieper erhielt seinen Namen nach seinem Lebensraum, denn in Europa ist er die einzige Pieperart, die regelmäßig im Wald wohnt. Baumspitzen sind die bevorzugte Singwarte. Von dort starten die Männchen mit schnellen Flügelschlägen zu ihren fallschirmartigen Singflügen, nach denen sie meist wieder auf der Baumspitze landen.

VORKOMMEN Ränder und Lichtungen von Laub- und Nadelwald, offene Landschaft mit einzelnen Bäumen oder Baumgruppen, Moore oder Heidelandschaften, auch auf Kahlschlägen mit einzelnen Bäumen (Überhältern); im Gebirge bis zur Baumgrenze in 2500 m Höhe; Langstreckenzieher, der in Afrika südlich der Sahara überwintert

GRÖSSE Länge 14–16 cm, FSW 25–27 cm

STIMME klangvoller Gesang laut schmetternd, zwitschernd, trillernd, erinnert an Kanarienvogel; singt oft auch mittags; Rufe hoch und heiser

NAHRUNG Insekten und deren Larven, Spinnen; Nahrungssuche auf dem Boden oder im Gezweig, gelegentlich Luftjagden

BRUT Nest ein einfacher Napf aus Halmen, Moos und Blättern, gut versteckt im Bodenbewuchs; 1–2 JB, 4–6 variabel grau, blau, grün-bräunlich gefärbte Eier, aber immer dicht gefleckt, BD 12–14 Tage, Junge verlassen das Nest nach ca. 11 Tagen, können aber erst mit ca. 18 Tagen fliegen

VERBREITUNG

BEOBACHTUNGSZEIT/BRUTZEIT

| J | F | M | A | M | J | J | A | S | O | N | D |

STELZENVERWANDTE · 97

relativ kräftiger Schnabel

heller Überaugenstreif

Brust bräunlich cremefarben mit kräftigen dunklen Längsstreifen; Flanken mit dunklen Stricheln

Beine hell fleischfarben

Schwanz mit hellen Kanten

Typisch

Während des kurzen Singflugs beginnt das Männchen erst mit seinem Lied, wenn es den höchsten Punkt fast erreicht hat. Dann lässt es sich mit gestelztem Schwanz fallen.

Seit der Mensch sesshaft wurde, begleitet ihn der gesellige Haussperling, wohl besser bekannt als Spatz. Er liebt die direkte Nähe zum Menschen und ist ihm bis in die Innenstädte gefolgt. Auch in seinem Namen spiegelt sich die lange Verbindung wider. Bereits im Althochdeutschen gibt es die Bezeichnung »sparo«, welche vermutlich mit dem indogermanischen »spar« für zappeln zusammenhängt und das Wesen des frechen Gesellen gut beschreibt. Seit einigen Jahren gehen die Bestände in den Städten stark zurück.

VORKOMMEN Städte und Dörfer, zur Nahrungssuche auch in offenen Landschaften; häufig

GRÖSSE Länge 14–16 cm, FSW 20–22 cm

STIMME ruft bei Gefahr laut zeternd »tetetet«; der Reviergesang ist das bekannte Tschilpen

NAHRUNG Insekten und deren Larven, verschiedene Samen und Getreide, Knospen, Beeren und Früchte; Jungvögel werden mit Insekten gefüttert; kommt im Winter auch an Fütterungen

BRUT Nest ein relativ schlampiger überdachter Bau aus Halmen in Mauerlöchern, Höhlungen – etwa unter Dächern, auch in Nistkästen oder als Untermieter in großen Horsten, etwa des Weißstorchs; oft brüten mehrere Paare nebeneinander; 2–3 JB, 4–6 Eier, variabel gefärbt: weiß oder schwach grünlich, gräulich oder schwärzlich, einfarbig oder bräunlich gefleckt, BD 11–14 Tage, NZ 12–18 Tage

Den schlicht graubraun gefärbten Weibchen fehlt die auffällige Kopfmusterung.

Haussperling (KV)
Passer domesticus

- grauer Scheitel, kastanienbraun eingefasst
- schwarzer Zügel
- hellgraue Wangen
- weiße Flügelbinde
- großer schwarzer Latz

Typisch

Spatzen treten meist in lärmenden, sich jagenden Trupps auf. Ihre Nahrung suchen sie am Boden hüpfend. Zur Gefiederpflege baden sie gern in Sand oder Staub.

VERBREITUNG

BEOBACHTUNGSZEIT/BRUTZEIT

J F M A M J J A S O N D

Gimpel
Pyrrhula pyrrhula

Der Gimpel hat viele Namen: man nennt ihn Dompfaff, regional auch Pfäffchen, Domherr oder Thumpfaff. Mit diesen Namen wird auf den schwarzen Kopf und seine plumpe Gestalt angespielt – einem Äußeren, das ganz der populären Vorstellung von einem Geistlichen entspricht. Das Wort Gimpel ist abgeleitet von dem mittelhochdeutschen Verb »gumpen« für springen und bezieht sich auf das eher unbeholfene Hüpfen des Vogels am Boden.

VORKOMMEN unterwuchsreiche Nadel- und Mischwälder, Feldgehölze, Hecken und Gebüsche, auch Parks, Friedhöfe und Obstgärten, in den Alpen bis in 1800 m Höhe; häufig

GRÖSSE Länge 15–16,5 cm, FSW 22–26 cm

Wegen seiner versteckten Lebensweise ist das auffällig gefärbte Gimpel-Männchen nicht leicht zu sehen.

Das Weibchen ähnelt dem Männchen, sein Bauch und seine Halspartie sind jedoch gänzlich von einem Beige-Braun überzogen.

Typisch

Gimpel sieht man fast nur paarweise; sie führen eine Dauerehe. Farbverteilung, die gedrungene Gestalt, der leuchtend weiße Bürzel und die breite weiße Flügelbinde machen den Vogel unverkennbar.

STIMME ruft weich und melancholisch »djü« oder »jüp«; der Gesang, ein zwitscherndes Geplauder, gemischt mit gequetschten und flötenden Tönen, wird leise und unauffällig vorgetragen; lernt menschliche Lieder nachzupfeifen

NAHRUNG Körner, Samen und Beeren, auch Blatt- und Blütenknospen, zur Jungenaufzucht Insekten; besuchen im Winter Fütterungen

BRUT lockeres Napfnest aus feinen Wurzeln, Flechten und Moos auf einer Plattform aus dünnen Zweigen, in dichten Büschen und Nadelbäumen; 2 JB, 4–6 hellblaue Eier, dunkel gefleckt, BD 12–14 Tage, NZ 16–17 Tage

VERBREITUNG

BEOBACHTUNGSZEIT/BRUTZEIT

| J | F | M | A | M | J | J | A | S | O | N | D |

Vögel bis Amselgröße

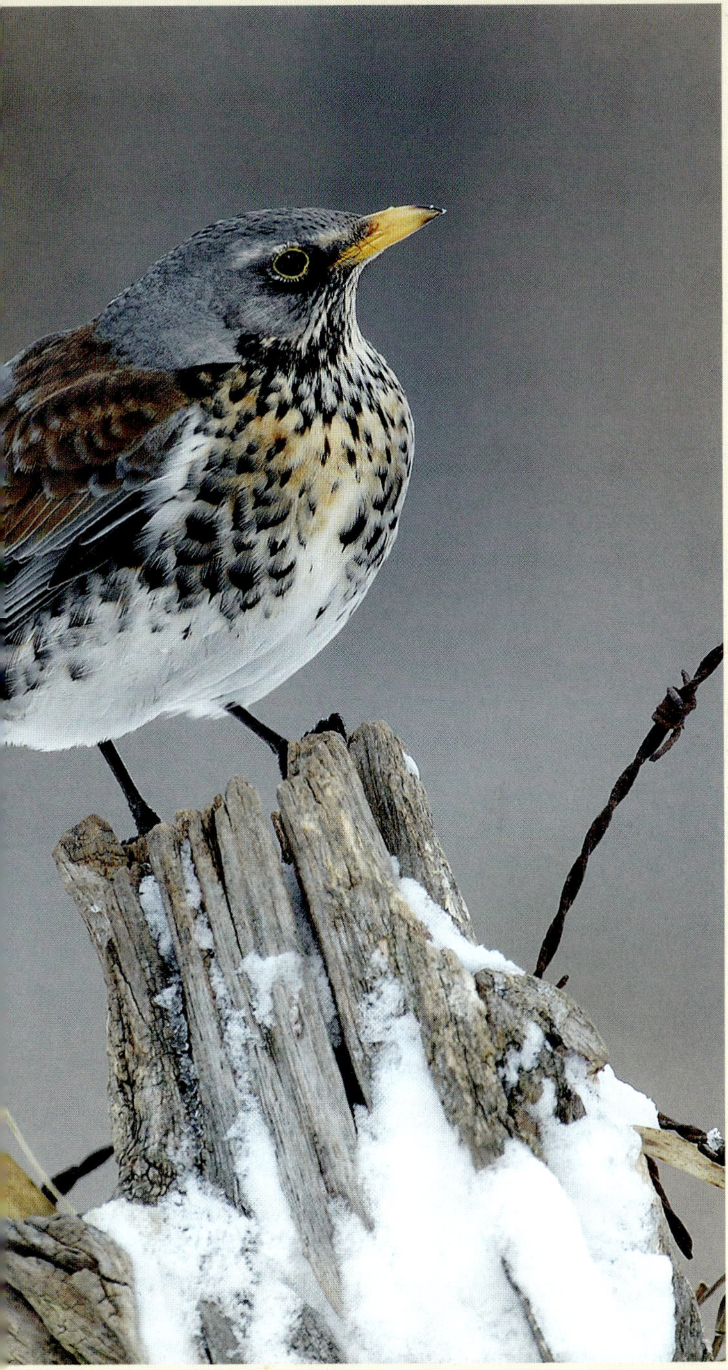

Flussregenpfeifer
Charadrius dubius

Von den drei in Mitteleuropa vorkommenden Regenpfeiferarten der Gattung Charadrius *trifft man den Flussregenpfeifer am häufigsten im Binnenland an – oft weit entfernt von der Küste. Zur Brutzeit sind die kleinen Vögel sehr heimlich, dann wird man nur durch ihre Rufe auf sie aufmerksam. Nähert sich ein Nesträuber dem gut getarnten Bodennest, »verleitet« der brütende Altvogel. Das heißt, er mimt einen verletzten Vogel und damit eine leichte Beute und lockt so den Feind vom Nest weg.*

VORKOMMEN verbreiteter, aber nirgendwo häufiger Bewohner des Tieflands; vegetationsarme sandige oder kiesige Fluss- und Seeufer, Kies- und Sandgruben sowie Ödland oder abgelassene Fischteiche, auch auf Müllhalden und Industriebrachen; überwintert in Afrika südlich der Sahara; weit verbreitet, aber nicht häufig

GRÖSSE Länge 15,5–17 cm, FSW 42–48 cm

STIMME ruft bei Erregung hoch, pfeifend »piu«; zur Balzeit fledermausartig flatternde Singflüge mit schnellen Trillern, wie »grü grü grü ...« oder »krriä krriä krriä ...«

NAHRUNG kleine Käfer, Schnecken, Würmer, Krebse und andere Kleintiere, die die Vögel von der Bodenoberfläche auflesen und nicht stochernd erbeuten

BRUT Nest eine flache Bodenmulde auf kiesigem oder steinigem Untergrund, oft in Wassernähe; meist 2 JB, 4 Eier, beige oder grau, dunkel gesprenkelt, BD 22–28 Tage, Junge sind Nestflüchter, können mit ca. 4 Wochen fliegen

VERBREITUNG

BEOBACHTUNGSZEIT/BRUTZEIT
J F M A M J J A S O N D

REGENPFEIFERVERWANDTE · 105

Typisch

Bei der Nahrungssuche rennt der Regenpfeifer mit trippelnden Schrittchen über den Boden, bleibt abrupt stehen, pickt auf den Boden und rennt wieder weiter. Männchen und Weibchen sind gleich gefärbt.

- schwarzer, spitzer Schnabel
- schwarz-weiß-graubraune Kopfzeichnung
- gelber Augenring
- schwarzes Brustband
- Unterseite reinweiß

Nachtigall
Luscinia megarhynchos

Für viele ist die Nachtigall die beste Sängerin unter den einheimischen Vögeln. Ihren melodischen Gesang lässt sie nicht nur tagsüber, sondern auch nachts hören. Dies drückt sich auch in ihrem Namen Nachtigall aus. Er leitet sich von althochdeutsch »nahtgala« ab, wobei »gala« auf »galan« für singen zurückgeht. Durch die Schönheit ihres Gesangs im Schutz der Nacht wurde die Nachtigall schon früh in der Dichtkunst als Symbol für die Liebe und die Liebenden eingesetzt und ist es bis heute geblieben.

VORKOMMEN Laub-, Misch- und Auwälder mit dichtem Unterholz sowie strauchreiche Waldränder und Feldgehölze, auch buschreiche Parks und verwilderte Gärten, in Mitteleuropa nur im wärmeren Tiefland; überwintert in Afrika; verbreitet und gebietsweise häufig

GRÖSSE Länge 16,5 cm, FSW 23–26 cm

STIMME Warnruf ein pfeifendes »hüid« oder raues »knarr«; Gesang abwechslungsreich und wohlklingend, besteht aus schmetternden und flötenden Motiven, in die ansteigende Pfeiftöne, oft als »Schluchzen« bezeichnet, eingeflochten sind; singt zur Brutzeit fast Tag und Nacht

NAHRUNG Insekten, Spinnen und andere Kleintiere; im Herbst auch Beeren und Früchte

BRUT lockeres Napfnest aus trockenen Blättern, Halmen, Moos und kleinen Wurzeln, innen mit Haaren und Federn ausgepolstert, am Boden oder knapp darüber in dichtem Gestrüpp; 1 JB, 4–6 olivgrüne Eier, BD 13–14 Tage, NZ 11–12 Tage, die Jungen verlassen das Nest, bevor sie fliegen können

VERBREITUNG

BEOBACHTUNGSZEIT/BRUTZEIT

| J | F | M | A | M | J | J | A | S | O | N | D |

Typisch

Die Nachtigall singt aus dem dichten Gebüsch heraus. Am Boden hüpft sie sehr elegant und stelzt dabei häufig den Schwanz.

dunkles Auge, heller Augenring

angedeuteter heller Überaugenstreif

Oberseite warm braun

Bürzel und Oberschwanz rotbraun

Goldammer
Emberiza citrinella

Wie alle Ammernverwandte trägt auch die Goldammer ihren Namen aufgrund ihres Fressverhaltens. Auf abgeernteten Getreidefeldern suchen die Vögel nach Körnern und Samen. »Amaro« benennt als ursprüngliche Bezeichnung für Dinkel, eine Weizensorte, eben diese Nahrung. Das Auffälligste an der Goldammer ist neben der Gefiederfarbe der Gesang. Die Stophen klingen für unser Ohr entfernt nach »wie wie wie hab ich dich liiiieb«.

VORKOMMEN kleinräumige Feldflur mit Hecken und Feldgehölzen, auch Waldsäume und lichte Fichtenschonungen, ebenso Parks und Gärten am Siedlungsrand; häufig

GRÖSSE Länge 16–17 cm, FSW 23–29 cm

STIMME ruft »zrik«, »tzü« oder »zürr«; Gesangsstrophen aus einer auf gleicher Tonhöhe bleibenden Reihe von Tönen und gedehntem Schlussteil, etwa »zizizizi-ziii-düüh«; Gesangsvortrag von einer exponierten Warte aus

NAHRUNG Samen von Gräsern und Getreide, hauptsächlich Hafer, auch andere grüne Pflanzenteile; zur Jungenaufzucht v. a. Insekten

BRUT umfangreiches napfförmiges Nest aus Stängeln, Halmen, Blättern und Moos, bodennah in dichtem Gebüsch; 2 JB, 3–5 weiße Eier, fein dunkelrot gestrichelt, BD 12–14 Tage, NZ 9–14 Tage

Im Prachtkleid ist das Männchen leuchtend goldgelb gefärbt.

AMMERNVERWANDTE · 109

Das Weibchen ist weniger gelb gefärbt. Scheitel und Unterseite sind dunkel gestrichelt.

gelber Kopf mit graune Streifen im Frühjahr (Männchen)

rostbraunes Brustband

Flanken rostbraun gestrichelt

langer Schwanz

Typisch

Die Goldammer singt oft noch als einziger Vogel in der vor Hitze flirrenden Feldflur. Im Flug erkennt man sie gut am rostbraunen Bürzel.

VERBREITUNG

BEOBACHTUNGSZEIT/BRUTZEIT

| J | F | M | A | M | J | J | A | S | O | N | D |

Neuntöter
Lanius collurio

Rotrückenwürger - so lautet der zweite Name des Neuntöters. Er spielt auf den rotbraunen Mantel des Vogels an und verdeutlicht seine Zugehörigkeit zur Familie der Würger. Die Kennzeichen dieser Familie sind der Hakenschnabel und das Verhalten, Beutetiere von einer Warte herab plötzlich anzugreifen. Wie alle Vertreter der Würgerfamilie, hortet auch der Neuntöter bei Nahrungsüberschuss seine Beutetiere.

VORKOMMEN kleinräumige Kulturlandschaft mit Hecken, Feldgehölzen, Gebüschen und offenen Flächen wie Hochstaudenfluren als Jagdgebiet, auch Waldränder oder Moor- und Heideflächen, wichtig sind Dornenbüsche; zieht zum Überwintern nach Ost- und Südafrika; verbreitet, aber nicht häufig

Weibchen sind unscheinbarer, die Unterseite ist quer gewellt. Bei Erregung fächern und drehen die Vögel ihren Schwanz.

WÜRGER · 111

Das Männchen ist durch die schwarze Augenbinde, den grauen Kopf, die rostbraunen Flügel und die rosa überhauchte Unterseite unverkennbar.

VERBREITUNG

GRÖSSE Länge 16–18 cm, FSW 24–27 cm

STIMME ruft bei Erregung stoßartig »dschä«, bei einer Störung am Nest hart »tek«, auch stimmlos »trrt-trrt«; Gesang ein leises bauchrednerisches Schwätzen, enthält Imitationen anderer Vogelarten

NAHRUNG vorwiegend große Insekten, aber auch Spinnen, kleine Frösche, Eidechsen, Mäuse und Jungvögel

BRUT großes napfförmiges Nest aus Zweigen, Stängeln und Moos, innen mit Tierhaaren und Pflanzenfasern ausgepolstert, in dichtem Dornengestrüpp nahe des Bodens; 1 JB, 4–6 Eier, blassgrün bis beige gefärbt, mit braunem Fleckenkranz am stumpfen Pol, BD 14–16 Tage, NZ 14–15 Tage

Typisch

Würger sind die »Greifvögel« unter den Singvögeln: Die Spitze des Oberschnabels ist hakenartig gekrümmt. Außerdem stehen sie sehr aufrecht auf ihrer Warte.

BEOBACHTUNGSZEIT/BRUTZEIT

| J | F | M | A | M | J | J | A | S | O | N | D |

Eisvogel (KV)
Alcedo atthis

Fliegender Edelstein oder lebender Edelstein, gefiederter Schmetterling – so preisen Vogelbeobachter eine exotische Vogelschönheit mitten in Europa. Der Eisvogel ist bei uns der einzige Vertreter einer über die Tropen verbreiteten Vogelgruppe. Wegen der schönen Färbung heißt er in Frankreich und Italien auch Paradiesvogel.

Stoßtauchend erbeutet der Eisvogel kleine Fische. Durch die rote Schnabelbasis unterscheidet sich das Weibchen vom Männchen (rechts).

VORKOMMEN fischreiche, langsam fließende, baumbestandene Bäche und Flüsse mit Steilufern

GRÖSSE Länge 16,5–19 cm, FSW 24–26 cm

STIMME kurze, schrille Rufe, scharfe Pfiffe

NAHRUNG vor allem kleine, schlanke Fische bis 6 cm Länge, im Sommer auch Insekten, Molche und Frösche sowie deren Larven

BRUT geräumige Nistkammer am Ende einer ca. 1 m langen, von beiden Brutpartnern selbst gegrabenen Brutröhre in einer Steilwand an einem Bach oder Fluss; 1–3 JB; 6–8 weiße Eier; BD 19–21 Tage, NZ 23–27 Tage

VERBREITUNG

BEOBACHTUNGSZEIT/BRUTZEIT
J F M A M J J A S O N D

EISVÖGEL · 113

weiße Halsseitenflecken

langer, dolchförmiger Schnabel

sehr kleine rote Füße

kurzer Schwanz

Typisch

Der Eisvogel fliegt pfeilschnell niedrig über fischreiche Fließgewässer. Das Weibchen erkennt man an der roten Schnabelbasis.

114

Schnabel im Prachtkleid bleigrau

helle Flügelbinde

Schwungfedern metallisch blau

VERBREITUNG

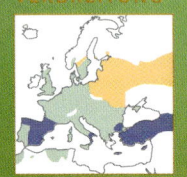

breite weiße Schwanzbinde

Kernbeißer
Coccothraustes coccothraustes

Sein Name bringt es auf den Punkt: Der Kernbeißer ist der Finkenvogel mit der größten Kraft im mächtigen Schnabel. Er kann sogar die harten Samen von Hainbuchen oder Kirschkerne knacken. Regional heißt er deshalb auch Kirsekleppe, Kirschenknäpper oder Chernbisser. Da sich die Vögel im Frühjahr bevorzugt an Knospen gütlich tun, werden sie auch Bollebick(er), Brombysser (Brom = Knospe) oder Knospenbeißer genannt.

VORKOMMEN Laub-, Misch- und Auwälder, aber auch Streuobstflächen, Parkanlagen und Gärten, wichtig sind große, alte Laubbäume, im Gebirge nicht über 1000 m Höhe; verbreitet

GRÖSSE Länge 17–18 cm, FSW 29–33 cm

STIMME kurze, scharfe »zicks«- oder »zittit« Rufe, auch im Flug; stammelnder Gesang aus Rufvariationen und nasalen Lauten, selten zu hören

NAHRUNG Samen von Laubbäumen, v. a. von Hainbuche und Ahorn, Kerne von Stein- und Kernobst, Knospen und Triebe; im Sommer auch Insekten; besucht in der kalten Jahreszeit Futterstellen

BRUT großes napfförmiges Nest aus Halmen und feinen Wurzeln auf einem Unterbau aus Zweigen, hoch oben in Laubbäumen; meist 1 JB, 3–5 bläulich oder bräunlich graue Eier, dunkel gemustert, BD 11–13 Tage, NZ 12–13 Tage

BEOBACHTUNGSZEIT/BRUTZEIT
| J | F | M | A | M | J | J | A | S | O | N | D |

Typisch

Da sich der Kernbeißer meist im Kronenbereich der Bäume aufhält, bekommt man ihn selten zu sehen. Im Winter kann man ihn aber ab und an am Futterhaus beobachten. Im Flug zeigt er ein durchscheinendes helles Feld im Flügel.

Mauersegler (KV)
Apus apus

Pünktlich um den 1. Mai erscheinen die Mauersegler aus ihren Brutgebieten in unseren Städten, und ebenso pünktlich sind sie um den 1. August wieder verschwunden. In der kurzen Zeitspanne zwischen Ankunft und Abflug haben sie ein Nest gebaut und Junge aufgezogen, mit denen sie die Rückreise ins Winterquartier antreten. Ihr Hauptlebensraum ist die Luft. Dort halten sie sich zu über 90 Prozent auf, sie schlafen und paaren sich sogar im Fliegen.

VORKOMMEN brütet bei uns regelmäßig v. a. in Städten und größeren Ortschaften an hohen Gebäuden, Kirchtürmen oder Kaminen; im Harz und in Nordeuropa brüten Mauersegler in Baumhöhlen; überwintert im tropischen Afrika; häufig

GRÖSSE Länge 17–18 cm, FSW 42–48 cm

STIMME hohe, schrille »srieh« Rufe, während sie zu mehreren in wilden Flügen um die Hausecken, über die Dächer und durch die Straßen sausen

VERBREITUNG

Aufgrund ihrer unterentwickelten Füße und langen Flügel können Segler nicht vom Boden auffliegen. Sie hängen deshalb an senkrechten Wänden und Baumstämmen.

In der Luft lässt sich ein Mauersegler an der sichelförmigen Silhouette und der dunkel rußbraunen Erscheinung gut von Schwalben, mit denen er nicht verwandt ist, unterscheiden.

NAHRUNG kleine, fliegende Insekten und Spinnen, die mit dem geöffneten Schnabel wie mit einem Kescher aus der Luft geangelt werden; die Jungen werden mit einem im Kehlsack geformten Futterbällchen aus Insekten gefüttert, ein Bällchen kann bis 1000 Insekten enthalten

BRUT nistet in Kolonien an hohen Gebäuden, dort unter dem Dach in Hohlräumen, Nischen oder Mauerlöchern; Nest eine flache Schale aus Federn, Haaren, kleinen Blättern und anderen Fasern, die sie in der Luft sammeln und mit dem zähen Speichel zu einer Schale formen, bezieht auch spezielle Nistkästen; 1 JB, 2–3 weiße Eier, BD 18–20 Tage (bei schlechtem Wetter länger), NZ 37–56 Tage (je nach Wetter)

Typisch

Wenn Mauersegler durch die Häuserschluchten flitzen, schlagen sie entweder sehr schnell mit den Flügeln oder sie legen lange rasante Gleit- und Segelstrecken ein. Kürzere Schlechtwetterperioden können die Jungen in einem Hungerschlaf überstehen.

BEOBACHTUNGSZEIT/BRUTZEIT

| J | F | M | A | M | J | J | A | S | O | N | D |

Noch vor einigen Jahren war die Feldlerche der Charaktervogel der Feldflur. Es gab kaum ein Feld, über dem nicht eine Feldlerche singend am Himmel hing. Auf dieses Verhalten beziehen sich Namen wie Himmellerche, Himmelssänger, Luftlerche oder Singlerche. Durch intensive Landwirtschaft und den verstärkten Anbau hochwüchsiger Pflanzen wie zum Beispiel Mais ist ihr Lebensraum immer kleiner geworden und ihre Bestände sind vielerorts stark zurückgegangen. In Südfrankreich gehört die Feldlärche bis heute zu den stark bejagten Vogelarten.

VORKOMMEN alle offenen Landschaften, wie Feldflur, Moore, baumlose Hochflächen oder Dünengelände im Küstenbereich; überwintert in West- oder Südeuropa, nur Vögel aus sehr milden Gegenden bleiben ganzjährig im Brutgebiet; verbreitet

GRÖSSE Länge 17–19 cm, FSW 30–36 cm

STIMME ruft »tirrr«, »prütt«oder »tschrl«; Gesang aus aneinandergereihten zwitschernden und trillernden Strophen, wird in ausdauerndem Singflug vorgetragen, kann Imitationen anderer Vogelarten enthalten

NAHRUNG Insekten und deren Larven, Spinnen, kleine Schnecken und Würmer; im Winter Samen und grüne Pflanzenteile, dann auch Nahrungssuche an Futterstellen

BRUT flaches Nest aus Halmen, in einer kleinen Bodenmulde im Schutz eines Grasbüschels; 2 JB, 3–5 weißliche Eier, kräftig braun gesprenkelt, BD 11–14 Tage, NZ ca. 9 Tage, die Jungen verlassen dann das Nest, können aber erst mit ca. 17 Tagen fliegen

BEOBACHTUNGSZEIT/BRUTZEIT

| J | F | M | A | M | J | J | A | S | O | N | D |

LERCHEN · 119

Feldlerche (K3)
Alauda arvensis

VERBREITUNG

langer Schwanz mit weißen Schwanzkanten

gestrichelte Brust, scharf abgesetzt vom einfarbig hellen Bauch

Typisch

Beim Singflug hängen die Feldlerchen schwirrend hoch am Himmel. Dazu steigen sie in Spiralen auf. Nach dem Gesangsvortrag lassen sie sich wie ein Stein vom Himmel fallen.

BEOBACHTUNGSZEIT/BRUTZEIT

| J | F | M | A | M | J | J | A | S | O | N | D |

VERBREITUNG

Scheitel und Nacken schwarz, kontrastreich von weißem Gesicht und weißer Stirn abgesetzt

Kinn, Kehle und Vorderbrust schwarz

Unterseite weiß

lange, schlanke Beine

Typisch

Die Bachstelze hält sich meist auf dem Boden auf. Sie läuft mit schnell trippelnden Schritten, rhythmischen ruckartigen Kopfbewegungen und wippendem Schwanz.

Bachstelze
Motacilla alba

Die Bachstelze ist in Europa die verbreitetste und bei jedermann bekannte Stelze. Wegen der auffälligen Schwarz-Weiß-Musterung, die an Nonnen erinnert, wird sie vielerorts Klosterfreule und ähnlich genannt. Weil sie beim Laufen auf dem Boden ständig mit ihrem Schwanz wippt, heißt sie in Norddeutschland auch Wippstert.

VORKOMMEN häufig in Gewässernähe, aber auch weit ab vom Wasser in offener Kulturlandschaft wie Wiesengelände, auch in Dörfern, Städten, Parks, auf Parkplätzen, Industrieanlagen oder in Kiesgruben; im Gebirge bis in 3000 m Höhe in der Umgebung von Gebäuden wie Liftanlagen oder Skihütten

GRÖSSE Länge 17–19 cm, FSW 26–30 cm

STIMME Gesang verhalten zwitschernd und schwätzend, selten zu hören; typischer zweisilbiger Ruf wie »zwi-lip«, häufig im Flug

NAHRUNG Insekten und deren Larven, Spinnen am Ufer von Gewässern, an Straßen- und Wegrändern, gelegentlich sehr kleine Fische; Nahrungssuche auf offenen Flächen am Boden laufend oder in kurzem Jagdflug

BRUT lockeres Nest aus Halmen, Blättern und Moos, innen mit Moos oder Federn ausgepolstert, in Halbhöhlen in der Uferböschung, unter Brücken, in Mauerlöchern, unter Dachziegeln; meist 2 JB, 5–6 graue oder bläulich weiße Eier, die gleichmäßig grau gepunktet sind, BD 12–16 Tage, NZ ca. 14 Tage, Junge werden nach dem Ausfliegen noch einige Tage gefüttert

In Mitteleuropa kommt die Unterart Motacilla alba alba *vor. Die britische Unterart* Motacilla alba yarrelli *ist am Rücken und den Flanken dunkler. Sie heißt auch »Trauer-Bachstelze«.*

122

Kopf und Nacken
dunkelbraun

weiße Kehle
und Brust

rostrotes Band
am Bauch

VERBREITUNG

Wasseramsel
Cinclus cinclus

»Oben auf der Klippe inmitten des spritzenden Gischtes sitzt Knickschen und singt sein Lied,…« Diese Zeile stammt von Hermann Löns (Mein buntes Buch, Kapitel 15), der damit ein rundherum treffendes Bild der Wasseramsel liefert. Er beschreibt nicht nur ihren Lebensraum, sondern auch das typische Verhalten, auf einem Stein im Wasser zu stehen und bei Erregung mit den Beinen zu knicksen.

VORKOMMEN schnell fließende, klare Bäche und Flüsse bis über 2000 m Höhe in den Alpen und Mittelgebirgen, im Winter auch weiter unten an eisfreien Gewässern; selten im Tiefland

GRÖSSE Länge 17–19 cm, FSW 25–30 cm

STIMME ruft scharf »zitt« oder rau »schrätt-schrätt«, übertönt sogar das rauschende Wasser; Gesang flüssig schwätzend, rau und heiser zwitschernd, beide Partner singen, auch im Winter

NAHRUNG Wasserinsekten und deren Larven, Würmer, kleine Krebse und Fische

BRUT großes, überdachtes Moosnest mit seitlichem Eingang, in Nischen oder Felsspalten dicht am Ufer schnell fließender Gewässer, auch unter Brücken oder Wehren, wird oft mehrere Jahre benutzt; 2 JB, 4–6 weiße Eier, BD 15–17 Tage, NZ ca. 3 Wochen

Typisch

Die Wasseramsel ist der einzige Singvogel, der unter Wasser tauchend seine Nahrung sucht. Dazu läuft sie am Gewässergrund unter Zuhilfenahme ihrer kurzen, runden Flügel gegen die Strömung.

BEOBACHTUNGSZEIT/BRUTZEIT

| J | F | M | A | M | J | J | A | S | O | N | D |

Rauchschwalbe (KV)
Hirundo rustica

Zu allen Zeiten und in allen Kulturen galt die Rauchschwalbe als Frühlingsbotin. Als heiliger Vogel des germanischen Gottes Donar sollte sie zudem Haus und Hof vor Blitz und Feuer bewahren. Der erste Teil ihres Namens geht vermutlich darauf zurück, dass sie oftmals innerhalb der Häuser, selbst in Küchen, nistet. Regional heißt sie deshalb auch Küchenschwalbe, Schornsteinschwalbe oder Feuerschwalbe.

VORKOMMEN kleinräumige Kulturlandschaft mit Dörfern, Einzelgehöften, kommt nicht in größere Städte, Nahrungssuche über der offenen Feldflur; überwintert in Afrika südlich der Sahara; häufig

GRÖSSE Länge 18–20 cm, FSW 32–35 cm

Die Rauchschwalbe ist die häufigste Schwalbe bei uns. Männchen und Weibchen sind gleich gefärbt.

VERBREITUNG

SCHWALBEN · 125

Im rasanten wendigen Flug verfolgt die Rauchschwalbe fliegende Insekten. Wegen der langen Schwanzspieße wird sie auch Gabelschwalbe genannt.

STIMME ruft im Flug »witt witt«, schrille Alarmrufe wie »ziwitt ziwitt«; anhaltender Gesang aus lebhaft zwitschernden und plaudernden Strophen

NAHRUNG Insekten, die sie in rasantem Flug in der Luft erbeuten; da sich die Insekten je nach Witterung näher am Boden oder in größeren Höhen aufhalten, gelten Rauchschwalben als Wetterpropheten

BRUT halbkugeliges Nest aus Schlamm (Erde, Lehm) und kleinen Zweigen und Halmen, an der Wand befestigt; 2–3 JB, 4–6 weiße Eier, zart rotbraun gesprenkelt, BD ca. 15 Tage, NZ ca. 3 Wochen, flügge Jungvögel werden noch einige Tage weiter gefüttert

Typisch

Rauchschwalben nisten im Gegensatz zu Mehlschwalben immer innerhalb von Gebäuden. Ihre Nester sehen durch heraushängende Halme unordentlich aus.

BEOBACHTUNGSZEIT/BRUTZEIT

| J | F | M | A | M | J | J | A | S | O | N | D |

Seidenschwanz
Bombycilla garrulus

Das seidige Gefieder, das weniger an Federn als an Samt denken lässt, hat dem Vogel seinen Namen gegeben. Früher trugen diese hübschen Vögel bei uns so unschöne Namen wie Pestvogel, Pestdrossel oder Totenvogel, denn ihr unvorhersehbares und unregelmäßiges Erscheinen galt vor allem im Mittelalter als böses Vorzeichen, weswegen man sie mit Hunger, Pest und Tod in Verbindung brachte. Man bezeichnet die Seidenschwänze auch als Invasionsvögel, da sie bei Nahrungsknappheit in größeren Trupps südlichere Gebiete aufsuchen.

VORKOMMEN Brutvogel der Fichtentaiga oder Birkenwälder Nordskandinaviens und Russlands; bei uns nur Wintergast, der

Alle Kennzeichen auf einen Blick: aufstellbare Federhaube, gelb-weißes Winkelmuster auf den Handschwingen, rote Hornplättchen auf den Armschwingen, gelbe Schwanzendbinde.

VERBREITUNG

Seidenschwänze fallen bei uns im Winter in Trupps an samen- und früchtetragenden Stauden und Bäumen ein.

unregelmäßig und in unterschiedlicher Zahl auftaucht, im Norden Deutschlands häufiger als im Süden, fällt dann truppweise in Feldgehölzen, Parks und Gärten mit beerentragenden Sträuchern ein

GRÖSSE Länge 18–20 cm, FSW 32–35 cm

STIMME ruft hoch, schwirrend »sirrrr«; leiser, klingelnder Gesang aus aneinandergereihten Rufen

NAHRUNG zur Brutzeit v. a. Insekten und Spinnen; im Herbst und Winter fast nur Beeren, bevorzugt von Mistel und Vogelbeere, und hängen gebliebenes Obst

BRUT Nest aus Zweigen, Flechten, Halmen und Moos niedrig in einer Fichte, brütet oft in Kolonien; 1 JB, 4–6 hellblaue oder gräulich blaue Eier, dunkel gefleckt, BD 13–15 Tage, NZ 14–16 Tage

Typisch

Die geselligen Seidenschwänze bewegen sich gemächlich im Geäst. Im Flug erinnern sie in Größe und Gestalt an Stare.

BEOBACHTUNGSZEIT/BRUTZEIT

| J | F | M | A | M | J | J | A | S | O | N | D |

Star
Sturnus vulgaris

Eine Kreissäge, unpassend zur Mittagszeit, lautes Türenzuschlagen oder quietschende Bremsen im Garten, das muss nicht der unmögliche Nachbar sein. Sind diese Geräusche eingebettet in einen schwätzenden, pfeifenden oder ratternden Gesang, so ist ein Star auf Brautschau. Lassen wir ihn singen, schließlich soll es dann gutes Wetter geben, so behaupteten es zumindest unsere Vorfahren. Auch soll der Star einen schönen Mai ankündigen, wenn er bereits zeitig im April mit dem Brüten beginnt.

VORKOMMEN Laub-, Misch- und Auwälder, Feldgehölze, Parks und Gärten; außerhalb der Brutzeit häufig in großen Schwärmen,

Die lärmenden Stare sind nicht gern gesehen, wenn sie in Massen in Obstgärten und Weinbergen einfallen.

Im Schlichtkleid ist der Schnabel dunkel, der schillernde Gefiederglanz fehlt.

VERBREITUNG

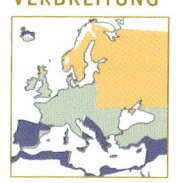

übernachtet oft in Schilfgebieten; überwintert größtenteils in Südeuropa, immer mehr Stare bleiben aber hier; häufig

GRÖSSE Länge 20–21,5 cm, FSW 37–42 cm

STIMME ruft heiser »rräh«, bei Gefahr hart »pett pett«; abwechslungsreicher Gesang aus schwätzenden, pfeifenden, kreischenden und schnalzenden Lauten mit Imitationen von Umweltgeräuschen, rudert dabei heftig mit den Flügeln

NAHRUNG Insekten und deren Larven, Würmer und Schnecken, im Sommer und Herbst reichlich Beeren und Obst sowie Samen, auch Abfälle; bewegt sich bei der Nahrungssuche am Boden wackelnd

BRUT lockeres Nest aus Stroh, Stängeln und Blättern in Höhlen meist in Bäumen oder Nistkästen, auch in Nischen und Löchern unter Gebäudedächern; 1–2 JB, 4–7 türkisgrüne bis hellblaue Eier, BD 12–14 Tage, NZ 18–22 Tage

Typisch

Bei der Nahrungssuche »zirkelt« der Star. Er stochert mit dem Schnabel Löcher in den Boden. Aufgrund der Vertiefungen am oberen Schnabel, den Schnabelspalten, ist es ihm möglich, in die Erdlöcher zu spähen.

BEOBACHTUNGSZEIT/BRUTZEIT

| J | F | M | A | M | J | J | A | S | O | N | D |

Singdrossel

Turdus philomelos

Zur Brutzeit bezaubert uns die Singdrossel mit ihrem abwechslungsreichen, melodischen Gesang, den sie in der Morgen- und Abenddämmerung von der Spitze eines hohen Baums oder einer anderen hohen Warte aus vorträgt. Regionale Namen dieses Vogels beziehen sich aber auf ihren scharfen Flugruf. So nennt man sie Ziepdruscher, vielerorts heißt sie auch nur Zippe, Zip oder Zippdrossel.

VORKOMMEN unterholzreiche Laub-, Misch-, Au- und Nadelwälder, Hecken, Feldgehölze, häufig auch eingewachsene Gärten mit älteren Bäumen und Parkanlagen, im Gebirge bis zur Waldgrenze; zieht zum Überwintern nach Südwesteuropa oder in den Mittelmeerraum; häufig

GRÖSSE Länge 21–23 cm, FSW 33–36 cm

STIMME häufiger Flugruf kurz, scharf »zipp«, bei Gefahr durchdringendes Zetern; lauter, klangvoller Gesang aus kurzen flötenden, zwitschernden Motiven, diese werden zwei- bis viermal wiederholt

NAHRUNG im Frühling meist Regenwürmer und andere bodenlebende Kleintiere, im Sommer und Herbst Beeren, Samen und Obst; rennt bei der Nahrungssuche ruckartig am Boden

BRUT stabiles, napfförmiges Nest aus Reisig, Gras, Laub, feinen Wurzeln und Moos, innen mit Holzmulm und Erde ausgekleidet, halbhoch in Bäumen, aber auch in Jungfichten dicht am Stamm, in Sträuchern oder Büschen; 2 JB, 4–6 türkisfarbene Eier, schwarz gesprenkelt, BD 12–14 Tage, NZ 13–15 Tage

VERBREITUNG

BEOBACHTUNGSZEIT/BRUTZEIT

| J | F | M | A | M | J | J | A | S | O | N | D |

DROSSELN · 131

Oberseite braun

ockerfarben an Brust und Flanken

dunkle dreieckige Flecken auf rahmweißer Unterseite

Typisch

Singdrosseln fressen gern Gehäuseschnecken. Meist zerschlagen sie die Häuser auf hartem Untergrund. Dort können sich mit der Zeit viele Schalenteile ansammeln (Drosselschmiede).

Pirol (KV)
Oriolus oriolus

Der volkstümliche Name Goldamsel weist auf seine auffällige Färbung hin. Da der Pirol alljährlich im Mai aus seinem afrikanischen Winterquartier zu uns zurückkehrt, ist er auch als Pfingstvogel bekannt. Trotz des auffälligen Gefieders ist vielen Menschen die Stimme dieses scheuen Vogels geläufiger als sein Anblick, da er sich häufig im Laubdach höherer Bäume versteckt.

VERBREITUNG

Das Männchen ist mit seinem gelb-schwarzen Gefieder unverwechselbar.

PIROLE · 133

Typisch

Im Flug erinnert der Vogel wegen seiner wellenförmigen Flugbahn an einen Specht.

Rötlicher, drosselähnlicher Schnabel, dunkelgrauer Zügel, Kopf und Oberseite gelblich grün – insgesamt ist das Weibchen etwas unauffälliger gefärbt als das Männchen.

VORKOMMEN hochstämmige lichte Laub- und Auwälder, bevorzugt in Gewässernähe, auch Parkanlagen, Obstgärten; überwintert in Afrika südlich der Sahara; nicht selten, nur in Tieflagen

GRÖSSE Länge 23–25 cm, FSW 44–47 cm

STIMME beide Geschlechter äußern bei Beunruhigung heiser krächzende Rufe; melodisch flötender und jodelnder Gesang des Männchens wie »düdlio«, deshalb heißt der Pirol lokal auch »Junker Bülow«

NAHRUNG große Insekten und deren Larven, Früchte und Beeren, gilt darum vielerorts als »Schädling«

BRUT hängendes Napfnest aus Gräsern und Halmen, hoch in der Baumkrone eines Laubbaums geschickt in eine Astgabel geflochten; 1 JB, 3–4 weiße bis zartrosafarbene Eier mit wenigen dunklen Flecken, BD 15–17 Tage, NZ 15–20 Tage

BEOBACHTUNGSZEIT/BRUTZEIT

| J | F | M | A | M | J | J | A | S | O | N | D |

Weibchen ohne Rot am Kopf

Brust und Kehle weiß

große, weiße, ovale Schulterflecken

Seiten schwarz-weiß gebändert

Bürzel und Rücken schwarz

leuchtend rot an Steiß und Unterschwanzdecken

Schwanz oberseits schwarz

Typisch

Der Buntspecht ist bei uns der häufigste und am weitesten verbreitete Specht. Er klemmt Nüsse und Zapfen zum Ernten der Samen in »Spechtschmieden«, d. h. in Astgabeln, Rindenspalten oder Ähnliches.

Buntspecht
Dendrocopos major

Auch wenn er »Bunt«specht heißt, ist sein Gefieder überwiegend schwarz und weiß. Auf diese Färbung beziehen sich landschaftliche Namen wie Elster- oder Atzelspecht. Im Frühjahr machen die Spechte innerhalb von Siedlungen lautstark auf sich aufmerksam, wenn sie für ihre Trommelwirbel Antennen und andere weit tragende metallische Gegenstände »missbrauchen«.

VORKOMMEN bewohnt alle Arten von Wäldern, auch Parks und Gärten mit hohen Bäumen; auch mitten in Großstädten

GRÖSSE Länge 23–25 cm, FSW 34–39 cm

STIMME kurze Trommelwirbel von Männchen und Weibchen mit schneller Schlagfolge, schlägt am schnellsten von allen Spechten – Trommelwirbel dienen der Reviermarkierung; metallisch klingende »kick«-Rufe, auch gereiht

Der rote Nackenstreif unterscheidet das Männchen deutlich vom Jungvogel mit roter Kappe.

NAHRUNG im Sommer Insekten und deren Larven, v.a. im Holz lebende Arten; gelegentlich auch Eier und Jungvögel anderer Arten; im Winter v.a. Nadelbaumsamen und Nüsse, besucht Vogelfütterungen

BRUT Nest in einer Baumhöhle; 1 JB, 4–7 weiße Eier, BD 10–13 Tage, NZ 20–23 Tage

VERBREITUNG

BEOBACHTUNGSZEIT/BRUTZEIT
| J | F | M | A | M | J | J | A | S | O | N | D |

Wacholderdrossel
Turdus pilaris

Ursprünglich ein Bewohner der Moore und Fjällbirkenwälder Nord- und Nordosteuropas, dehnt die Wacholderdrossel seit über 100 Jahren ihr Verbreitungsgebiet nach Süden und Westen aus. Heute kommt sie bei uns bis zu den Alpen vor. Ihren Namen trägt sie nach ihrer Hauptnahrung, den Wacholderbeeren. Auch der Name Krammetsvogel bezieht sich auf den Wacholder: »kranawitu«, eine altdeutsche Bezeichnung für Wacholder, steckt im Wortstamm.

VORKOMMEN lichte Laub- und Mischwälder, Waldränder, Alleen, Feldgehölze und Hecken, Parks und baumbestandene Gärten; im Gebirge bis in 1600 m Höhe; häufig

GRÖSSE Länge 24–26 cm, FSW 39–42 cm

STIMME im Flug häufig laut »tschak-tschak«, bei Störungen am Nest kratzend »trrtrrtrr«; Gesang aus gepresst-zwitschernden und rauen Tönen, singt oft im Flug

NAHRUNG Würmer, Schnecken und Insekten; ab Spätsommer bis zum Winter auch Beeren und Obst, gern Fallobst

BRUT umfangreiches Nest aus Pflanzenmaterial nahe am Stamm hoch in Bäumen, brütet in lockeren Kolonien; 2 JB, 4–6 grünlich blaue Eier, rötlich gemustert, BD 11–13 Tage, NZ ca. 2 Wochen

Typisch

Wacholderdrosseln sind sehr gesellig. Sie brüten nicht nur in lockeren Kolonien, sondern suchen auch ihre Nahrung im Trupp am Boden. Potenzielle Nesträuber werden von der ganzen Kolonie angegriffen und vertrieben.

BEOBACHTUNGSZEIT/BRUTZEIT

J	F	M	A	M	J	J	A	S	O	N	D

DROSSELN · 137

VERBREITUNG

Kopf grau

Rücken dunkelrotbraun

Bürzel grau

ockerfarbene Brust, kräftig schwarz gefleckt

Bekassine (K1)
Gallinago gallinago

Die Bekassine fällt zur Brutzeit durch ihre Schauflüge auf. Sie steigt im Zickzack-Flug auf (»himmeln«), kreist in Wellenbahnen und stürzt sich dann mit gespreizten Schwanzfedern in die Tiefe. Dabei erzeugt der Luftstrom in den Federn ein wummerndes Geräusch, das »Meckern«. Deshalb wird sie vielerorts Himmelsziege, Himmelsgeiß oder Haberbock genannt. Das Wort Bekassine ist aus dem Französischen eingedeutscht. Der Wortteil »bec« bedeutet Schnabel und bezieht sich auf ihren langen Schnabel.

VORKOMMEN feuchte Gebiete mit niedriger Vegetation wie Moore, Sümpfe und Verlandungsflächen an Fluss- und Seeufern, auch an kleinen Teichen und Gräben, Feuchtwiesen; überwintert in Westeuropa und im Mittelmeerraum; selten

GRÖSSE Länge 25–27 cm, FSW 37–43 cm

STIMME ruft beim Auffliegen nasal »ätsch«, Balzgesang monoton und uhrwerkartig, wie »tücke tücke tücke«

NAHRUNG Insektenlarven, Würmer, Schnecken, Kleinkrebse; auch Samen

BRUT flachmuldiges Nest aus trockenen Pflanzenteilen, über feuchtem Untergrund in dichter Vegetation, auch in Bülten; meist 1 JB, 4 olivbraune Eier, dunkel gefleckt, BD 18–20 Tage, Junge sind Nestflüchter, können schon mit 3 Wochen fliegen

Typisch

Die Schnabelspitze der Bekassine ist so empfindlich, dass sie damit beim Stochern im Boden Beutetiere erspürt. Deshalb muss sie den Schnabel nicht aus der Erde ziehen, um diese zu fressen.

BEOBACHTUNGSZEIT/BRUTZEIT

J	F	M	A	M	J	J	A	S	O	N	D

SCHNEPFENVERWANDTE · 139

langer, gerader Schnabel

Scheitel schwärzlich mit schmalem, hellem Streif in der Mitte

helle Längsstreifen auf dem Rücken

kurze, grünliche Beine

VERBREITUNG

140

Augenring gelb

Schnabel gelb

Gefieder schwarz

Typisch

Amseln singen bereits früh am Morgen auf hoher Warte. Sie suchen ihre Nahrung auf dem Boden. Dabei hüpfen sie, während der ähnlich gefärbte Star läuft.

BEOBACHTUNGSZEIT/BRUTZEIT

| J | F | M | A | M | J | J | A | S | O | N | D |

DROSSELN · 141

Amsel
Turdus merula

Der ehemals scheue Waldvogel ist heute einer der häufigsten Vögel innerhalb von Siedlungen. Selbst inmitten von Großstädten brütet er. Wegen des schwarzen Gefieders der Männchen wird die Amsel auch Schwarzdrossel genannt. Amsel stammt vom Althochdeutschen »Amsala«. Daraus entstanden viele regionale Namen wie Amschle oder Amstel.

VORKOMMEN Wälder aller Art, jedoch kaum inmitten dichter Nadelwälder, in Gehölzen, Heckenlandschaften, Wiesen, Parkanlagen, Gärten, Feldern; eine der häufigsten Vogelarten Europas

GRÖSSE Länge 25–29 cm, FSW 35–38 cm

STIMME melodiös flötender, abwechslungsreicher Gesang; bei Gefahr laut zeternde, metallische Rufe

Das Weibchen erkennt man am dunkel- bis schwärzlich braunen Gefieder und an der dunkel gefleckten Brust.

NAHRUNG Würmer, Insekten, Schnecken; auch kleine Amphibien und Reptilien; Samen, ab Herbst Früchte und Beeren, im Winter an Fütterungen

BRUT Napfnest in Büschen oder Kletterpflanzen an Mauern, auch auf Balkonen; 2–3 JB, 3–5 Eier, blaugrün gefärbt und bräunlich gesprenkelt, BD 12–14 Tage, NZ 13–15 Tage

VERBREITUNG

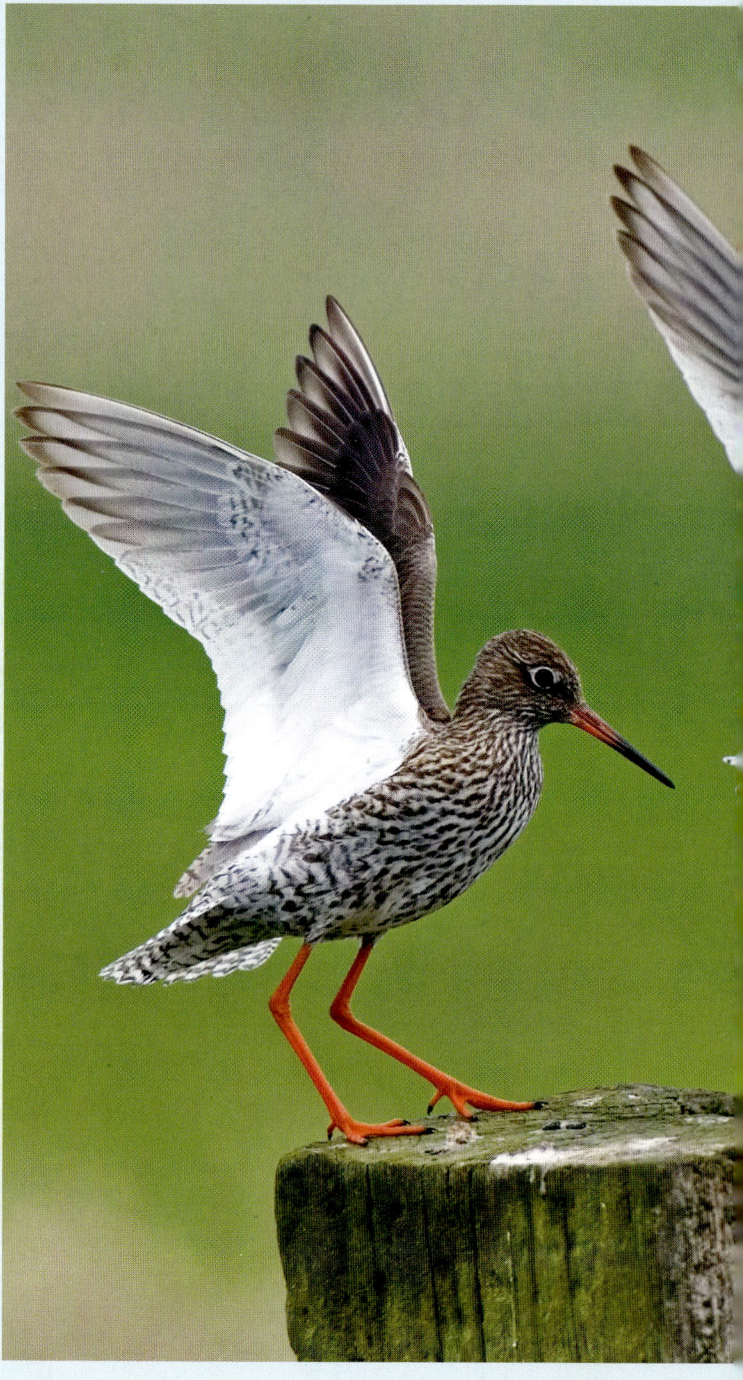

Vögel bis Taubengröße

aufrichtbare Federhaube mit schwarzen Federspitzen

langer, dünner, leicht abwärts gebogener Schnabel

Kopf, Hals, Brust und oberer Rücken rötlich ockerfarben

Flügel und unterer Rücken schwarz-weiß quer gebändert

Bauch beige

VERBREITUNG

Typisch

Mit seinem wellenförmig gaukelnden Flug ähnelt der Wiedehopf einem riesigen Schmetterling. Bei Start, Landung und bei Erregung stellt er seine Haube auf.

Wiedehopf (K1)
Upupa epops

Der Name Wiedehopf leitet sich vom althochdeutschen »witihopfa« ab. »Witi« bzw. »wite« bedeuten Wald oder Holz, »hopfa« geht vermutlich auf »hoppen« für hüpfen zurück. Die beiden wissenschaftlichen Namen beziehen sich lautmalerisch auf den Gesang des Vogels. In vielen Gegenden heißt der Wiedehopf auch Stinkhahn, Kothahn, Dreckvogel oder Mistvogel. Damit wird auf die Art der Verteidigung der Jungvögel und des brütenden Weibchens angespielt. Sie spritzen einem Nesträuber Kot mit stinkendem Sekret aus der Bürzeldrüse entgegen.

VORKOMMEN warme, trockene Regionen; lichte Au- und Kiefernwälder, Parklandschaften, extensiv genutzte Kulturlandschaften wie Weinberge oder Streuobstflächen, Weidegebiete, Brachflächen; heute bei uns auch ehemals militärisch genutzte Flächen; Zugvogel, überwintert in Afrika

GRÖSSE Länge 26–28 cm, FSW 43–46 cm

STIMME Gesang aus dumpfen, weit tragenden, hohl klingenden Lauten wie »hubhubhub«; bei Erregung krächzende Rufe wie »tschräää«; zischendes Fauchen der Nestlinge zur Feindabwehr

NAHRUNG große Insekten, deren Larven, Spinnen, Schnecken, Würmer, auch junge Eidechsen und Frösche; Nahrungssuche am Boden mit nickenden Kopfbewegungen, stochert dabei häufig mit dem langen Schnabel im Boden

BRUT Nest aus Halmen in Höhlungen und Spalten in Bäumen, Felsen, Mauern oder in der Erde, bezieht auch Nistkästen; 1–2 JB, 5–8 Eier, Farbe weißlich mit einem Stich ins Graue, Blaue, Grüne oder Braune, BD 15–16 Tage, NZ 24–27 Tage

BEOBACHTUNGSZEIT/BRUTZEIT

J	F	M	A	M	J	J	A	S	O	N	D
			A	M	J	J	A				

Rotschenkel (K2)
Tringa totanus

Der Rotschenkel ist eine vertraute Erscheinung an den Küsten Europas. Jeder, der ihn schon einmal gesehen hat, hätte ihn wahrscheinlich auch so benannt. Aufmerksam wird man spätestens dann auf ihn, wenn er auf einem Pfosten steht und aufgeregt schimpft oder laut rufend auffliegt. Mit diesem Verhalten übernimmt er auch eine Wächterfunktion für alle anderen Vögel.

VORKOMMEN brütet in Feuchtwiesen, küstennahen Marschwiesen und nassen Hochmooren, in Norddeutschland selten auch im Binnenland; auf dem Zug meist im Wattenmeer, auch an See- und Flussufern im Binnenland; überwintert an den Küsten West- und Südeuropas; selten

GRÖSSE Länge 26–29 cm, FSW 45–52 cm

STIMME ruft im Flug zwei- oder dreisilbig melodisch »djü-ü djü-ü« bzw. »djü-ü-ü djü-ü-ü«, bei Erregung gellend »gjib gjib«; klangvoll jodelnder Gesang, oft im auf- und absteigenden Singflug vorgetragen

NAHRUNG Insekten und deren Larven, Schnecken und Regenwürmer, Frösche, kleine Krebse, Muscheln

BRUT Nest eine flache Bodenmulde, in dichter Vegetation versteckt; 1 JB, 4 olivbraune Eier, schwarz gefleckt, BD 22–25 Tage, Junge sind Nestflüchter, machen mit 25 Tagen bereits ihre ersten Flugversuche

Typisch
Im Flug fallen der weiße Rückenkeil und der weiße Flügelhinterrand auf. Nach dem Landen bleibt der Rotschenkel noch kurze Zeit mit hoch erhobenen Flügeln stehen, dabei blitzt die helle Unterseite auf.

BEOBACHTUNGSZEIT/BRUTZEIT

J	F	M	A	M	J	J	A	S	O	N	D

SCHNEPFENVERWANDTE · 147

Schnabelbasis rötlich

heller Augenring

Brust und Flanken gestrichelt

Beine leuchtend rot

VERBREITUNG

Kiebitz (K2)
Vanellus vanellus

Auf einen Kiebitz wird man am ehesten im Frühjahr zur Balzzeit aufmerksam. Dann vollführen die Männchen akrobatische Flugspiele, bei denen sie sich immer wieder fast senkrecht bis knapp über den Boden fallen lassen, um nach einer kurzen Gleitstrecke, bei der sie sich gaukelnd von einer Seite auf die andere werfen, wieder aufzusteigen. Zusätzlich hört man ein eigenartiges wuchtelndes Flügelgeräusch.

VORKOMMEN ursprünglich Verlandungsflächen und Moore, heute auch Wiesen und landwirtschaftliche Flächen mit niedrigem Bewuchs; überwintert in West- und Südeuropa, bleibt in milden Wintern auch im Brutgebiet; selten geworden

Männchen und Weibchen sind gleich gefärbt, beim Weibchen ist jedoch der Federschopf etwas kürzer.

GRÖSSE Länge 28–31 cm, FSW 70–76 cm

STIMME zweisilbiger Ruf wie »kiewitt«, davon leiten sich sein offizieller sowie viele regionale Namen ab; während der Schauflüge des Männchens »kchiuwitt witt witt witt kchiuwitt«

NAHRUNG vor allem Insekten und deren Larven, auch Regenwürmer und Schnecken, Samen, Früchte und Wiesenpflanzen, gelegentlich kleine Frösche und Fische

> *Typisch*
>
> *Im Flug erkennt man die kontrastreiche Unterseite mit Weiß an Bauch und Unterflügeldecken sowie Schwarz an Brust und äußeren Flügeln. Nach der Brutzeit sammeln sich Kiebitze oft in größeren Trupps.*

BRUT Bodennest eine flache Mulde, ausgelegt mit wenig trockenem Pflanzenmaterial, meist etwas erhöht auf trockenem Boden; 1 JB, 4 olivbraune Eier, dunkel gefleckt, BD 26–29 Tage, Junge sind Nestflüchter, können mit 5–6 Wochen fliegen

VERBREITUNG

BEOBACHTUNGSZEIT/BRUTZEIT
J F M A M J J A S O N D

Neben dem Blässhuhn ist das Teichhuhn bei uns die zweite Rallenart, die sich in die Nähe des Menschen gewagt hat und auch an Teichen mitten in Städten zu finden ist. Eigentlich scheue Vögel, die bei Beunruhigung sofort der Deckung zustreben, werden sie mittlerweile innerhalb von Siedlungen recht zutraulich. Dann sieht man sie auch auf der freien Wasserfläche schwimmen.

VORKOMMEN Seen und Teiche sowie stehende und langsam fließende Flüsse mit üppiger Ufervegetation, auch Dorf- und Parkteiche, selbst mitten in Städten; verbreitet

GRÖSSE Länge 28–32 cm, FSW 50–55 cm

STIMME ruft »kirrek« oder bei Gefahr scharf »kürrk«; in der Balzzeit vor allem nachts ausdauernd »kreck kreck kreck«, auch im Flug über dem Brutgebiet

NAHRUNG insbesondere Triebe, Samen, Knospen und Früchte von Sumpf- und Wasserpflanzen, aber auch Insekten, Kaulquappen, Würmer und Schnecken; Nahrungssuche auf Wiesen und Feldern in Ufernähe, aber auch schwimmend oder durchs Dickicht schlüpfend, in manchen Großstädten auch an Wasservogelfütterungen

BRUT tiefmuldiges Schilfnest, gut versteckt wassernah in der dichten Ufervegetation, gelegentlich auch ganz frei; meist 2 JB, 4–10 rahmweiße Eier, dunkelbraun gepunktet, BD 19–22 Tage, Junge sind Nestflüchter, können mit ca. 5 Wochen fliegen

Küken im Dunenkleid. Durch die blauen Dunen am Kopf unterscheidet es sich vom sonst ähnlichen Blässhuhn-Küken.

RALLEN · 151

Teichhuhn (KV)
Gallinula chloropus

- rotes Stirnschild
- roter Schnabel mit gelber Spitze
- weiße Linie an den Flanken
- weiße Unterschwanzdecken
- grüne Beine, lange Zehen

Typisch

Teichhühner schwimmen unter rhythmischen Kopfbewegungen und hektischem Schwanzzucken. Dabei blitzen immer wieder die weißen Unterschwanzdecken auf.

VERBREITUNG

BEOBACHTUNGSZEIT/BRUTZEIT
J F M **A M J J A** S O N D

Türkentaube (KV)
Streptopelia decaocto

Noch zu Beginn des 20. Jahrhunderts hatte die Türkentaube ihre wesentliche Verbreitungsgrenze in der Türkei – daher ihr Name. Seitdem hat sie sich in westlicher Richtung ausgebreitet und ist heute Brutvogel in fast ganz Europa. Die enorme Expansion wurde begünstigt durch das steigende Futterangebot etwa in Form von großflächigen Getreidefeldern. Als Kulturfolger ist sie auch mitten in Großstädten heimisch geworden.

VORKOMMEN ursprünglich Steppen Südasiens, bei uns fast nur in Dörfern und Städten, wenn es Parks, Gärten und Tiergärten mit hohen Nadelbäumen gibt, auch bei Getreidedepots, Lagerplätzen und landwirtschaftlichen Betrieben; häufig

GRÖSSE Länge 31–33 cm, FSW 47–55 cm

STIMME im Flug häufig nasal »chwää chwää«; Reviergesang des Männchens ein monotones »gu-guh-gu gu-guh-gu«, wobei die mittlere Silbe betont wird

NAHRUNG Getreide und andere Samen, grüne Pflanzenteile und Knospen, aber auch Beeren, Früchte und Brot, in den Städten leben sie von Abfällen oder besuchen Vogelfütterungen

BRUT dürftiges flaches Nest aus trockenen Zweigen und Wurzeln, meist auf Bäumen oder Sträuchern in einer Astgabel, in Siedlungen gelegentlich auch an Gebäuden; 2–3 JB, 2 weiße Eier, BD 13–14 Tage, NZ 16–19 Tage

BEOBACHTUNGSZEIT/BRUTZEIT

J	F	M	A	M	J	J	A	S	O	N	D

TAUBEN · 153

schwarzer, oben und unten weiß eingefasster Nackenring

überwiegend beigebraun

recht langer Schwanz

Typisch

Das Männchen startet von einer erhöhten Warte zu seinem Balzflug. Es steigt mit klatschenden Flügelgeräuschen steil auf und segelt dann mit ausgebreiteten Flügeln in einer Bogenbahn abwärts.

VERBREITUNG

Dohle
Corvus monedula

Das ausgeprägte Sozialverhalten der Dohlen mit ihrem reichhaltigen Repertoire an Ausdrucksbewegungen und Lauten hat Verhaltensforscher schon immer interessiert. Sie fanden heraus, dass die sozialen Signale weniger angeboren sind, sondern erst erlernt werden müssen. Dohlen sind recht gesellig und brüten kolonieweise. Auch zur Nahrungssuche fliegen sie meist im Trupp. Innerhalb der Schwärme bleiben aber die Paare immer zusammen.

VORKOMMEN lichte Laub- und Mischwälder, Feldgehölze sowie Parks, wichtig sind alte Bäume mit Spechthöhlen, zudem Höhlungen in Felswänden und Steinbrüchen, innerhalb von Siedlungen an Kirchtürmen, Schornsteinen, auch an Burgen und Ruinen; verbreitet

GRÖSSE Länge 31–34 cm, FSW 67–74 cm

STIMME ruft schallend »kjack«, auch gereiht, bei Gefahr hoch »jüp«; schwätzender Gesang, ist selten zu hören

NAHRUNG Würmer, Schnecken, Insekten und deren Larven, Spinnen, auch Früchte, Samen und Körner, gelegentlich Mäuse und Jungvögel; durchsucht besonders im Winter Abfalltonnen

BRUT napfförmiges Nest aus Reisig und Zweigen in Baumhöhlen, Felsspalten oder Mauernischen, gern auch in Nistkästen, Koloniebrüter; 1 JB, 4–6 hellblaue Eier, schwärzlich gefleckt, BD 17–18 Tage, NZ 30–36 Tage

Typisch

Im Herbst und Winter kommen Dohlen oft in Saatkrähenschwärmen aus Nord- und Osteuropa zu uns. Man hört sie sofort an ihrer hellen Stimme heraus.

BEOBACHTUNGSZEIT/BRUTZEIT

J	F	M	A	M	J	J	A	S	O	N	D

KRÄHENVÖGEL · 155

VERBREITUNG

Dohlen leben in Dauerehe. Die Paare bleiben immer dicht zusammen.

Grünspecht (KV)
Picus viridis

Nach dem Schwarzspecht ist der Grünspecht in Mitteleuropa die zweitgrößte Spechtart. In seiner Ernährung ist er am stärksten auf Ameisen spezialisiert. Dazu befähigt ihn seine über 10 cm lange Zunge, mit der er die Insekten aus ihren Bauen holt. Er hat die längste Zunge von allen heimischen Spechtarten. Da er bei der Jagd auf Wiesenameisen oft am Boden sitzt, heißt er auch Grasspecht. Sein laut lachender Reviergesang wird mancherorts als Wiehern gedeutet. Das hat ihm den Namen Wieherspecht eingebracht.

VORKOMMEN lichte Laub- und Mischwälder, Feldgehölze, große Obstgärten, Alleen, Parks mit alten Bäumen; wichtig sind Freiflächen mit Ameisen; verbreitet

Roter Oberkopf und schwarze Maske um das helle Auge sind typisch für den Grünspecht. Der Bartstreif ist beim Weibchen schwarz, beim Männchen rot.

VERBREITUNG

Im Flug kann man den leuchtend gelbgrünen Bürzel sehen.

GRÖSSE Länge 31–34 cm, FSW 40–42 cm

STIMME Reviergesang ein anhaltendes, schallendes »Lachen« wie »kjükjükjükjü«, von Männchen und Weibchen geäußert; trommelt nur selten

NAHRUNG hauptsächlich Ameisen und deren Puppen, daneben auch andere Insekten, Würmer, Schnecken und Obst

BRUT nistet gern in alten Spechthöhlen oder zimmert selbst eine Höhle in morsches Holz von Laubbäumen; 1 JB, 5–8 weiße Eier, BD 15–17 Tage, NZ 23–27 Tage

Typisch

Die Flugbahn von Grünspechten ist stark wellenförmig. Zwischen den Schlagphasen legen sie ihre Flügel ganz an den Körper an.

BEOBACHTUNGSZEIT/BRUTZEIT

| J | F | M | A | M | J | J | A | S | O | N | D |

Straßentaube
Columba livia f. domestica

Stammform aller Straßentauben, aber auch der Brieftauben und der diversen Züchtungen ist die Felsentaube. Sie brütet kolonieweise an abgelegenen zerklüfteten Felsen an der Küste oder auf vorgelagerten Inseln von Westeuropa und im Mittelmeergebiet. Eine Gefahr für diese Wildbestände geht von der domestizierten Form aus, denn die Tauben vermischen sich.

VORKOMMEN weltweit verbreitet und häufig im menschlichen Siedlungsbereich, brüten an Gebäuden, unter Brücken

GRÖSSE Länge 31–34 cm, FSW 63–70 cm

STIMME dumpf gurrend wie »grruo-u grruo-u«

NAHRUNG Samen und Getreide, Pflanzenteile wie Knospen, Triebe und Blätter, Beeren, Früchte, Brot und Abfälle

BRUT lockeres, flaches Nest aus Halmen und Zweigen, oft auf Gebäudesimsen oder Balkonen sowie in Mauernischen; 2–3 JB, 2 weiße Eier, BD 17–18 Tage, NZ 23–25 Tage, Junge verlassen dann das Nest, sind aber erst mit 5 Wochen voll flugfähig

BEOBACHTUNGSZEIT/BRUTZEIT

| J | F | M | A | M | J | J | A | S | O | N | D |

TAUBEN · 159

VERBREITUNG

dicker Schnabel, große weiße Wachshaut

rotes Auge

zwei dunkle Flügelbinden ähnlich der Felsentaube

Typisch

Unter den Stadttauben gibt es Exemplare, die der Wildform recht ähnlich sind. Die meisten sind aber sehr variabel gefärbt von rostfarben über schwarz bis fast ganz weiß.

Vögel bis Krähengröße

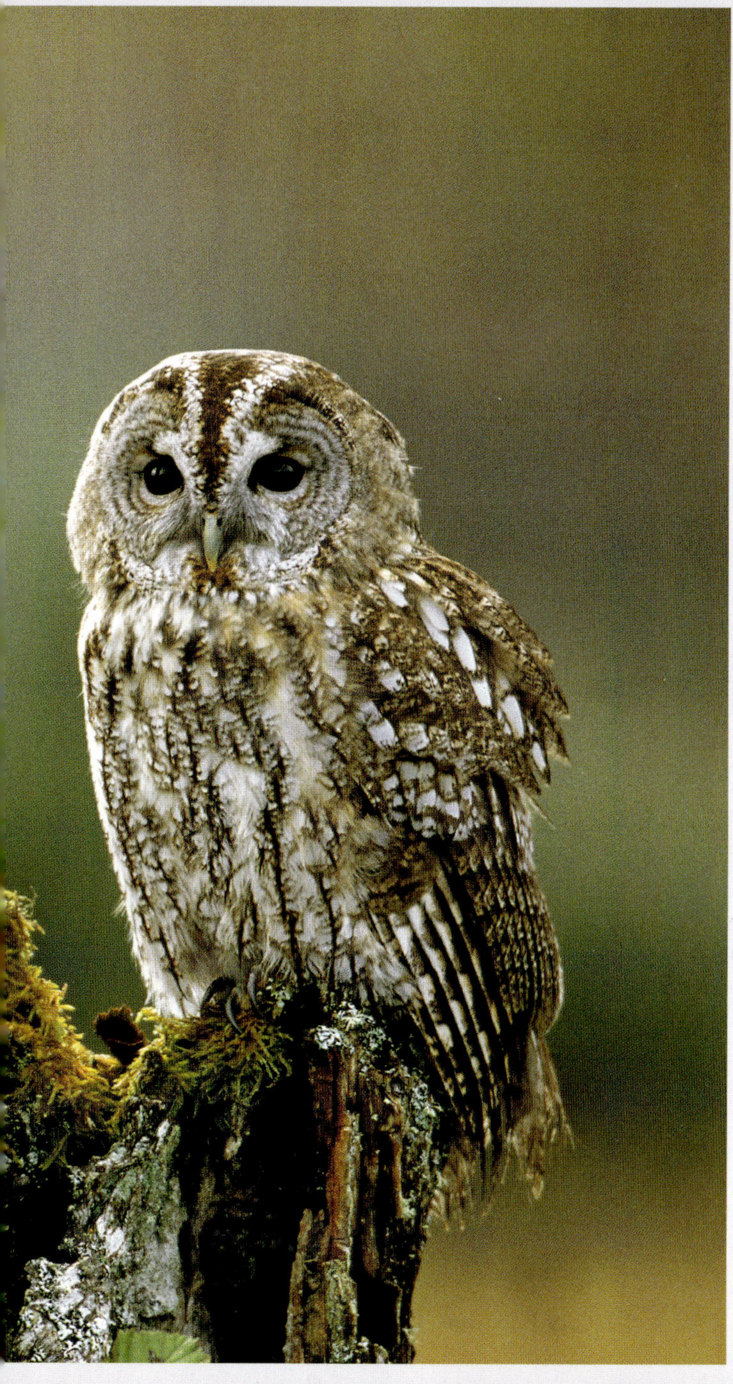

162

VERBREITUNG

Durch weiße Tupfen auf dunklem Grund ist der Tannenhäher gut zu bestimmen. Zu seiner Lieblingsnahrung gehören Haselnüsse.

Tannenhäher
Nucifraga caryocatactes

Im Herbst auf der Terrasse einer Bergwirtschaft sitzend, kann man hin und wieder Tannenhäher beobachten, die regelmäßig ins Tal fliegen und wieder hochkommen. Bei diesem »Pendelverkehr« transportieren sie in ihrem Kehlsack Nüsse, Eicheln und andere Baumsamen aus Gärten oder tiefer gelegenen Wäldern in ihre Reviere und verstecken sie dort als Wintervorrat. Sie finden die Samen sogar unter einer Schneeschicht wieder.

VORKOMMEN Nadel- und Mischwälder der Mittelgebirge und Alpen ab 300 m Höhe, in den Alpen bis in 2000 m Höhe; im Winter auch häufiger in Tallagen

GRÖSSE Länge 32–33 cm, FSW 52–58 cm

STIMME ruft heiser schnarrend »krrärr-krrärr«; Gesang leise plaudernd und schwätzend mit Imitationen anderer Vögel, selten zu hören

NAHRUNG hauptsächlich Samen von Nadelbäumen, in den Alpen v. a. von Zirbelkiefern, aber auch Hasel- und Walnüsse sowie Beeren und andere Früchte; zur Brutzeit ebenso Insekten und andere Kleintiere

BRUT stabiles Napfnest aus Reisig, Gräsern und Flechten, innen weich gepolstert, meist hoch auf einem Nadelbaum in Stammnähe; 1 JB, 3–4 weißliche oder blass türkisblaue Eier, grau oder braun gesprenkelt, BD 17–20 Tage, NZ ca. 25 Tage

Typisch

Die mitteleuropäischen Tannenhäher haben einen stärkeren Schnabel als ihre östlichen Verwandten aus Sibirien, die im Winter manchmal bei uns einfliegen. Damit können sie sogar die Schalen von Wal- und Haselnüssen öffnen.

BEOBACHTUNGSZEIT/BRUTZEIT

| J | F | M | A | M | J | J | A | S | O | N | D |

Kuckuck *(KV)*
Cuculus canorus

Auf den Kuckuck wird man vor allem durch seinen allbekannten Ruf aufmerksam, nach dem der Vogel auch benannt ist. Dieser Ruf fand Eingang nicht nur in die Musik und Literatur, sondern ist auch im Volks- und Aberglauben verankert. Für die Vogelbeobachter stellt der Kuckuck wegen seines Fortpflanzungsverhaltens etwas Besonderes dar, denn er lässt seine Eier von anderen Vögeln, wie Rohrsängern, Piepern oder Heckenbraunellen, ausbrüten.

VORKOMMEN alle möglichen Lebensräume von der Küste bis zur Baumgrenze im Gebirge – wichtig ist das Vorkommen der Wirtsvogelart; halboffene, abwechslungsreiche Landschaften mit Gehölzen, Freiflächen und Gewässern, auch in Mooren; Zugvogel, überwintert im tropischen Afrika

GRÖSSE Länge 32–35 cm, FSW 55–65 cm

STIMME der sogenannte Kuckucksruf des Männchens entspricht dem Reviergesang; Weibchen trillern zur Brutzeit

NAHRUNG Insekten, wie Käfer, Libellen oder Heuschrecken, vor allem aber behaarte Raupen

Jungvogel wird vom Wirtsvogel gefüttert. In der Regel sind die Wirtseltern um ein Vielfaches kleiner als der heranwachsende Kuckuck. Teilweise sitzen die Altvögel bei der Fütterung sogar auf dem Rücken des Jungvogels.

KUCKUCKE · 165

VERBREITUNG

Hängende Flügel und ein etwas angehobener Schwanz – typische Haltung des stehenden Kuckucks. Durch den eng gebänderten Bauch ähnelt er einem Sperber.

BRUT baut kein eigenes Nest, sondern lässt seine Eier von Singvögeln ausbrüten; 9–25 Eier pro Brutsaison, je Nest nur 1 Ei, Farbe variiert, Weibchen legen ihre Eier nur in die Nester »ihrer« Wirtsvogelart, ihre Eier ähneln oft dem Gelege dieser Vogelart; BD 11–13 Tage, NZ 19–24 Tage; nach dem Schlüpfen schiebt der Jungkuckuck mit seinem Rücken die anderen Eier und Nestlinge aus dem Nest

Typisch

Der Kuckuck steht oft frei auf Warten wie Leitungsdrähten, Pfosten oder Baumspitzen, um nestbauende Kleinvögel auszukundschaften.

BEOBACHTUNGSZEIT/BRUTZEIT

| J | F | M | A | M | J | J | A | S | O | N | D |

Turmfalke
Falco tinnunculus

Der Turmfalke ist bei uns allgemein als der Rüttelfalke bekannt. Dabei steht er mit schnellen Flügelschlägen scheinbar in der Luft und hält unter sich Ausschau nach seiner Hauptbeute, den Mäusen. Wegen seiner großen Anpassungsfähigkeit ist er der häufigste Falke bei uns und relativ oft entlang von Straßen zu beobachten.

VORKOMMEN in allen Lebensräumen von der Meeresküste bis ins Hochgebirge, selbst in Dörfern und Städten; brütet in einer Vielzahl von Lebensräumen, auch in Kirchtürmen, meidet lediglich geschlossene Waldgebiete; häufig

GRÖSSE Länge 32–36 cm, FSW 65–80 cm

STIMME ruft hell und hoch »kikikiki…«, am Brutplatz wimmernd »wriiiih«, häufig zu hören

Ein Weibchen, kenntlich am gebänderten Schwanz, im Rüttelflug. Zur Stabilisierung spreizt es den Schwanz.

Das Männchen ist kleiner als das Weibchen. Kopf und Schwanz sind grau, die leuchtend rotbraune Oberseite ist fein gepunktet.

NAHRUNG v. a. Wühlmäuse, aber auch andere Mäuse, Eidechsen und große Insekten, innerhalb von Siedlungen auch Kleinvögel

BRUT baut wie alle Falken kein eigenes Nest, legt die Eier in Fels- und Baumhöhlungen, Mauerlöcher, Nischen von hohen Gebäuden, Nistkästen oder in alte Krähennester; 1 JB, 3–6 gelblich weiße Eier, stark rotbraun gesprenkelt, BD 27–31 Tage, NZ 27–35 Tage

VERBREITUNG

BEOBACHTUNGSZEIT/BRUTZEIT

| J | F | M | A | M | J | J | A | S | O | N | D |

Typisch

Beim Direktflug schlägt der Turmfalke hastig und flach mit den Flügeln. Dazwischen sind immer wieder Gleitstrecken eingeschoben.

Scheitelfedern hell mit dunklen Stricheln, können bei Erregung leicht gesträubt werden

Gefieder überwiegend rosabraun

schwarzer Bartstreif, Kinn und Kehle weiß

Flügel dunkel mit weißem und blauschwarzem Feld

Schwanz breit und schwarz, relativ lang

VERBREITUNG

Eichelhäher
Garrulus glandarius

Eichelhäher ernähren sich von Baumsamen, vor allem Eicheln, die sie im Herbst als Vorrat für den Winter vergraben. Einige Samen, die sie nicht mehr finden, können auskeimen, wodurch die Vögel zur Ausbreitung der Pflanzen beitragen. Sie werden deshalb auch »Pflanzgärtner des Waldes« genannt. Die Flügel mit den auffälligen blauen Federn dienten früher als Hexenschmuck.

VORKOMMEN ganz Europa bis auf Nordskandinavien, Island und das nördliche Großbritannien; v.a. in Laub- und Mischwäldern, Feldgehölzen, Parkanlagen und Gärten mit Baumbestand, auch innerhalb von Städten; im Gebirge bis in 1500 m Höhe

GRÖSSE Länge 33–35 cm, FSW 52–58 cm

STIMME Alarmruf oder bei Erregung kurzes, kräftiges und durchdringendes Rätschen, auch Rufe ähnlich Bussard; leiser bauchrednerischer Gesang mit schwätzenden, rätschenden, miauenden oder schnalzenden Elementen, mit Imitationen anderer Vogelstimmen und von Umweltgeräuschen

NAHRUNG Baumfrüchte und Samen wie Eicheln, Bucheckern oder Haselnüsse, auch Beeren und Früchte; Eier und Jungvögel anderer Vogelarten; zur Brutzeit Insekten, Würmer und Schnecken; besucht im Winter auch Kleinvogelfütterungen im Wald

BRUT kleines, flaches Nest aus Reisig und Zweigen, innen mit Haaren ausgepolstert, oft in einer Astgabel eines Baumes oder hohen Busches; 1 JB, 5–6 blass-, blau- oder graugrüne Eier mit feinen dunklen Sprenkeln und Flecken, BD 16–17 Tage, NZ 20–23 Tage

BEOBACHTUNGSZEIT/BRUTZEIT

J F M **A M J J** J A S O N D

Typisch

Eichelhäher sitzen oft auf dem Boden und lassen Ameisen über das Gefieder laufen. Durch die Ameisensäure werden Gefiederparasiten vertrieben (»Einemsen«).

Fluss-Seeschwalbe (KV)
Sterna hirundo

Von der Farbverteilung erinnert die Fluss-Seeschwalbe an eine Lachmöwe, allerdings ist sie zierlicher und hat längere Flügel. Sie ist eine unserer häufigsten Seeschwalben. Früher kam sie auch relativ oft im Binnenland vor, etwa an naturnahen Flüssen mit Kiesbänken und -ufern. Diese Vorkommen sind vor allem durch vermehrte menschliche Nutzung und Lebensraumzerstörung mehr oder weniger erloschen.

VORKOMMEN flache Meeresküsten, im Binnenland auf flachen Inseln, Sand- und Kiesbänken an großen Flüssen und Seen; überwintert im westlichen und südlichen Afrika

Bei der Balz übergibt das Männchen seiner Partnerin als Brautgeschenk ein Fischchen.

SEESCHWALBEN · 171

GRÖSSE Länge 33–35 cm, FSW 82–95 cm

STIMME ruft schrill, abfallend »kii-äärr« oder scharf »kit kit kirr«, bei Beunruhigung auch schnell »kekekekekek...«

NAHRUNG hauptsächlich kleine Fische, aber auch Krebstiere, Kaulquappen, Wasserinsekten und deren Larven

BRUT Nest eine flache Mulde in Dünen, auf Sand- oder Kiesbänken zwischen Treibgut und lichtem Pflanzenwuchs, Koloniebrüter; 1 JB, 2–3 sandbeige bis olivgrün gefärbte Eier, bräunlich gefleckt, BD 20–23 Tage, Junge sind sogenannte Platzhocker, sie verlassen sofort nach dem Schlüpfen das Nest und verbergen sich in der Umgebung, können mit ca. 4 Wochen bereits fliegen

VERBREITUNG

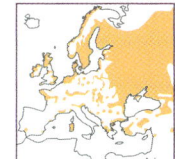

BEOBACHTUNGSZEIT/BRUTZEIT

| J | F | M | A | M | J | J | A | S | O | N | D |

Typisch

Fischchen erbeutet die Fluss-Seeschwalbe stoßtauchend. Dabei stürzt sie sich Kopf voran aus geringer Höhe senkrecht ins Wasser.

Waldohreule
Asio otus

Die Waldohreule ähnelt einem kleinen Uhu. Trotz ihres Namens ist sie weniger stark an Wälder gebunden als andere Eulen. Den Tag verbringt sie ruhend in einem Baum nahe am Stamm sitzend. Mit ihrem rindenfarbenen Gefieder ist sie hervorragend getarnt. Erst in der Dämmerung und nachts wird sie aktiv. Die steifen Federn am Gesichtsschleier verstärken die Geräusche der Beutetiere und lenken den Ton zu den Ohren. So entgeht dem Jäger kaum etwas.

VORKOMMEN offene Kulturlandschaft mit kleinen Baumgruppen, Feldgehölze und lichte Nadel- und Mischwälder, Waldränder; im Winter auch in Parks und großen Gärten mit alten Bäumen; meidet geschlossenen Wald; verbreitet

GRÖSSE Länge 33–37 cm, FSW 84–95 cm

STIMME relativ stumm, ruft bei Gefahr krächzend »wäk wäk«; monoton gereihte, dumpf pumpende »huh«-Rufe als Reviergesang

VERBREITUNG

NAHRUNG hauptsächlich Mäuse; bei Nahrungsmangel auch Kleinvögel oder große Insekten

BRUT brütet in alten Nestern von Krähen, Elstern oder Greifvögeln; 1 JB, 4–6, nach Jahren mit vielen Mäusen auch bis 8 weiße Eier, BD 27–28 Tage, NZ 18–25 Tage, Jungvögel verlassen das Nest bereits, wenn sie noch Dunen tragen und nicht fliegen können, sitzen dann als sogenannte Ästlinge in der Nähe des Horstes

Typisch

Die Waldohreule bildet im Winter häufig Schlafgemeinschaften. Unter Bäumen kann man ihre Gewölle finden, mit deren Hilfe die Eulen unverdauliche Nahrungsbestandteile wieder ausspucken.

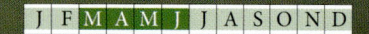

BEOBACHTUNGSZEIT/BRUTZEIT

| J | F | M | A | M | J | J | A | S | O | N | D |

EULEN · 173

lange Federohren

gelb-orangefarbene Augen

v-förmige Gesichtszeichnung

oberseits rindenfarbenes Gefieder

Schleiereule
Tyto alba

VERBREITUNG

Schleiereulen sind rein nachtaktiv, nur zur Jungenaufzucht jagen sie auch in der Dämmerung.

SCHLEIEREULEN · 175

Schleiereulen jagen mit ihrem hochentwickelten Gehör ausschließlich nachts, hauptsächlich Mäuse und Ratten und werden deshalb bei den Landwirten geschätzt. In Scheunen und Ställen fanden sie lange Brutplätze. Durch Sanierungsmaßnahmen der Gebäude ist ihnen heute oft der Einschlupf verwehrt, auch sind die Mäuse durch die moderne Bewirtschaftung der Felder stark zurückgegangen. Aber auch viel Aberglaube rankt sich um den nachtaktiven Kulturfolger: So kündigt der Schrei der Schleiereule mancherorts eine Geburt, anderenorts den Tod an.

VORKOMMEN gehört zu den wenigen Vogelarten, die auf allen Kontinenten vorkommen; in Mitteleuropa im Tiefland weit verbreitet, aber nicht häufig, meist am Rand von Dörfern nahe offener waldarmer Kulturlandschaft mit Feldern, Wiesen und Gärten; verbreitet, aber auch nicht häufig

GRÖSSE Länge 33–39 cm, FSW 85–93 cm

STIMME Fauchen, Zischen und Kreischen am Nistplatz; schnarchende Bettelrufe der Jungen

NAHRUNG Kleinsäuger wie Wühlmäuse und Langschwanzmäuse; weicht in schlechten Mäusejahren meist auf Spitzmäuse aus

BRUT Nest in Gebäuden wie Scheunen, Kirchtürmen oder Speichern, bezieht auch spezielle Nistkästen; 1–2 JB, 4–7 weiße Eier, BD 30–34 Tage, NZ ca. 6 Wochen, die Jungen verlassen dann das Nest, können aber erst mit ca. 9 Wochen fliegen; bei Nahrungsmangel kann die Brut ausfallen

Typisch

Auffällig ist der schwankende Flug auf langen, schlanken Flügeln, oft mit hängenden Beinen. Die mitteleuropäische Unterart (Tyto alba guttata) ist unterseits ockerfarben.

BEOBACHTUNGSZEIT/BRUTZEIT

| J | F | M | A | M | J | J | A | S | O | N | D |

Sperber
Accipiter nisus

Gerade war es noch still. Plötzlich setzt Gezeter der Kleinvögel ein. Und dann kommt schon ein kleiner Greifvogel über die Hecke geschossen, eine ahnungslose Blaumeise im Visier. Mit seinen runden Flügeln und dem langen Schwanz ist der Sperber ein ausgesprochen rasanter und wendiger Kleinvogeljäger. Er hat zwei Jagdmethoden: die Ansitzjagd und die Verfolgung, wobei er den Kleinvögeln oft sogar zu Fuß ins dichte Gebüsch folgt.

VORKOMMEN lichte Nadel- und Mischwälder, kleinräumige Kulturlandschaft mit Hecken und Kleingehölzen; kommt zum Jagen auch in Dörfer und Städte in Parks und Friedhöfe; vom Tiefland bis zur Baumgrenze; verbreitet

GRÖSSE Länge Männchen 29–34 cm, Weibchen 35–41 cm, FSW 60–80 cm

STIMME beim girlandenförmigen Balzflug weich, ansteigend »gjü-gjü-gjü«, am Nest und als Kontaktruf zwischen den Brutpartnern gereiht »gigigigigi«

NAHRUNG überwiegend Vögel, die meist im Flug geschlagen werden; gelegentlich auch Mäuse, Fledermäuse und junge Eichhörnchen

BRUT flaches Nest aus Zweigen meist in hohem Nadelbaum nahe am Stamm; 1 JB, 4–5 weißliche Eier, braun gesprenkelt, BD 33–35 Tage, NZ 24–30 Tage

Typisch

Der Größenunterschied zwischen Männchen und Weibchen ist beim Sperber sehr deutlich ausgeprägt. Männchen schlagen Vögel bis Finkengröße, Weibchen bis Drossel-, auch Taubengröße. Auf diese Weise können sie sich das Beuteangebot teilen.

BEOBACHTUNGSZEIT/BRUTZEIT

| J | F | M | A | M | J | J | A | S | O | N | D |

HABICHTVERWANDTE · 177

VERBREITUNG

Sperber auf dem Ansitz. Beachtlich sind die langen Beine und die langen Zehen.

Lachmöwe
Larus ridibundus

Lachmöwen sind im Binnenland die häufigsten Möwen, sie kommen aber auch an der Küste vor. Ihren Namen verdanken sie ihrer kreischenden Stimme, an der Küste werden sie deshalb auch Seekrähe genannt. Als sehr anpassungsfähige Art hat sich die Lachmöwe viele Nahrungsquellen in der modernen Kulturlandschaft erschlossen. Die Vögel folgen pflügenden Bauern, sie durchsuchen Müllkippen, und im Winter kommen sie an Futterstellen sogar mitten in Städten.

VORKOMMEN brütet in Dünen und Salzwiesen an der Küste, in Verlandungsbereichen von Gewässern, Schilfzonen, Mooren im Binnenland; außerhalb der Brutzeit an Gewässern aller Art; im Winter häufig in Dörfern und Städten; häufig

GRÖSSE Länge 35–38 cm, FSW 95–105

Lachmöwe im Prachtkleid

VERBREITUNG

MÖWEN · 179

Lachmöwe im Schlichtkleid: Von der Kapuze ist nur ein dunkler Ohrfleck geblieben. Der Schnabel ist bis auf die Basis rot. Auch die Beine sind rot.

Hinterkopf weiß

schokoladenbraune Kapuze

dunkelroter Schnabel

STIMME ruft oft rau, aggressiv klingend »kwerrr« und »kriääh«, in den Kolonien oft ohrenbetäubender Lärm, an Futterstellen hell, abgehackt »kekeke«

NAHRUNG Insekten, Würmer und Schnecken, kleine Fische, Krebstiere sowie Aas und Abfälle, auch pflanzliche Nahrung; besucht Futterstellen für Wasservögel

BRUT Nest am Boden, spärlich bis reichlich ausgelegt mit grünen und abgestorbenen Pflanzenteilen, auf Kiesbänken oder dichter, nicht zu hoher Vegetation wie Seggenbülten, brütet oft in großen Kolonien; 1 JB, meist 3 rostbraune bis olivbraune Eier, dunkel gefleckt, BD 22–26 Tage, Junge sind Platzhocker (siehe Seite 170/171), können mit ca. 35 Tagen fliegen

Typisch

Männchen und Weibchen sind gleich gefärbt. Im Flug ist der keilförmige weiße Vorderrand am Flügel besonders gut zu sehen.

BEOBACHTUNGSZEIT/BRUTZEIT

| J | F | M | A | M | J | J | A | S | O | N | D |

Alpendohle
Pyrrhocorax graculus

Schnabel relativ kurz, intensiv gelb, schwach gebogen

Beine kurz, rotorange

Typisch

Die geselligen Vögel sind elegante Flieger, die häufig akrobatische Flugspiele vollführen.

Wer schon einmal beim Bergwandern in den Alpen seine Brotzeit ausgepackt hat, kennt Alpendohlen. Wie von Geistern gerufen, landet ein Trupp dieser frechen »Schwarzkittel« in der Nähe und bettelt lautstark um einen Leckerbissen. Alpen»dohle« heißen diese Vögel wegen ihres schwarzen Gefieders und der dohlengleichen Größe.

VORKOMMEN in den Alpen, Pyrenäen und Abruzzen bis in eine Höhe von 4000 m; auch auf Korsika, auf dem Balkan und im Kaukasus; im Winter häufig in den Tälern, um dort auf Müllplätzen nach Futter zu suchen

GRÖSSE Länge 37–39 cm, FSW 65–75 cm

STIMME vielfältige Laute mit hohen, durchdringenden Pfiffen und rollenden Rufen; schwätzender Gesang mit eingestreuten Pfiffen, selten zu hören

NAHRUNG Insekten, deren Larven, Spinnen, Würmer, Schnecken; Kleinsäuger, Jungvögel, Aas; ganzjährig Essensreste von Touristen und an bewirtschafteten Gebäuden im Gebirge; im Winter auch Früchte und Beeren

BRUT Nest in unzugänglichen Höhlen, Felsnischen oder -spalten an Steilwänden oberhalb der Baumgrenze, auch in Bergbahntunnels; 1 JB, 3–5 weißliche Eier, dicht dunkel gefleckt, BD 18–21 Tage, NZ 30–35 Tage

VERBREITUNG

BEOBACHTUNGSZEIT/BRUTZEIT
J F M A M J J A S O N D

Waldkauz
Strix aluco

Der Waldkauz ist in Mitteleuropa die häufigste Eule und vermutlich auch die bekannteste. Oft wird ihr klagender Ruf in Filmen an besonders unheimliche Passagen eingespielt. Gehört hat also sicherlich schon jeder diesen eleganten Jäger. Aufmerksam kann man auf ihn werden, weil Kleinvögel auf ihn hassen, das heißt zeternd um ihn herumschwirren, wenn er im Sonnenschein vor seiner Höhle dicht am Stamm sitzt und döst.

VORKOMMEN lichte Laub- und Mischwälder, die an offenes Gelände oder Gewässer grenzen, auch Parks, Gärten und Friedhöfe mit alten Laubbäumen, selbst in Großstädten; in den Alpen bis in 1500 m Höhe; häufig

Auf seinem Ansitz wartet der Kauz, bis er ein unvorsichtiges Beutetier hört. Dann stürzt er sich darauf.

VERBREITUNG

EULEN · 183

Unverkennbar durch den großen Kopf und die relativ kurzen Flügel. Im Flug wechseln Phasen schneller Flügelschläge mit langen Gleitstrecken.

GRÖSSE Länge 37–43 cm, FSW 94–104 cm

STIMME häufig vernehmbare, laute »ku-witt«-Rufe, v. a. vom Weibchen; Reviergesang des Männchens ein tief klingendes »guuoh gu gurruuuh«, bereits ab Herbst zu hören

NAHRUNG Kleinsäuger bis Hörnchengröße, v. a. Wühlmäuse, aber auch viele Vögel; seltener Frösche und andere Kleintiere

BRUT gern in großen Baumhöhlen, aber auch in alten Nestern größerer Vögel, Felsnischen, Mauerlöchern, Dachböden oder Nistkästen; 1 JB, 3–5 weiße Eier, BD 28–30 Tage, NZ 29–35 Tage, dann verlassen die Jungen das Nest, können aber erst mit ca. 6 Wochen fliegen

Typisch

Der Waldkauz kommt in zwei Farbschlägen vor, einem grauen und einem braunen. Durch die schwarzen Augen und die fehlenden Federohren ist er gut von der Waldohreule zu unterscheiden.

BEOBACHTUNGSZEIT/BRUTZEIT

| J | F | M | A | M | J | J | A | S | O | N | D |

Die roten Dunen auf den Köpfen der Jungen wirken als Signalfarbe und lösen bei den Altvögeln das Füttern aus.

Blässhuhn
Fulica atra

Das Blässhuhn ist auf vielen Gewässern auch innerhalb von Städten eine vertraute Erscheinung. Benannt wurde es nach dem weißen Stirnschild. Als einziger Vertreter der Rallen hat es an den langen Zehen Schwimmlappen, eine Anpassung an die schwimmende Lebensweise. Zur Brutzeit ist es sehr territorial und verteidigt den Nestbereich vehement gegen andere Blässhühner. Im Winter ist es dagegen gesellig und mitunter in großen Scharen an Dampferstegen oder Wasservogelfütterungen anzutreffen.

VORKOMMEN stehende und langsam fließende Gewässer mit üppiger Ufervegetation, auch Teiche und Parkgewässer selbst mitten in der Stadt; im Winter auch an der Küste, auf eisfreien Seen und an Dampferstegen; häufig

GRÖSSE Länge 38–42 cm, FSW 70–80 cm

RALLEN · 185

STIMME ruft laut bellend »köw« (Weibchen) oder kurz, hart »pix« bzw. stimmlos platzend »pt« (Männchen)

NAHRUNG Wasserpflanzen, im Wasser lebende Insekten und andere Kleintiere, an Land Schilfschösslinge und Kleintiere wie Insekten, Würmer, Schnecken; in Städten auch Brot

BRUT großes Nest aus Pflanzenmaterial, meist im seichten Wasser oder im Schutz der Ufervegetation, gelegentlich auch im Wasser frei schwimmend; 1 JB, 5–10 gelblich isabellfarbene Eier mit dunklen Punkten, BD 23–24 Tage, die Jungen sind Nestflüchter und können schon bald nach dem Schlüpfen schwimmen, flugfähig mit ca. 8 Wochen

BEOBACHTUNGSZEIT/BRUTZEIT

J	F	M	A	M	J	J	A	S	O	N	D

Typisch

Beim Schwimmen nickt das Blässhuhn rhythmisch mit dem Kopf. Bevor es taucht, um am Gewässergrund nach Nahrung zu suchen, setzt es zu einem kleinen Sprung an. Zum Starten von der Wasseroberfläche aus muss es unter Zuhilfenahme der Flügel einen relativ langen Anlauf nehmen.

Typisch für das Blässhuhn sind die rundliche Gestalt, das schwarze Gefieder, der weiße Schnabel und die weiße Blesse. An den langen Zehen sitzen breite Schwimmlappen.

VERBREITUNG

Ringeltaube
Columba palumbus

Die Ringeltaube ist unsere größte Taube. Im Gegensatz zur Stadttaube, der Straßentaube, gilt sie als die eigentliche Wildtaube. Das drückt sich in regionalen Namen wie Wald-, Holz- oder Schlagtaube aus. Allerdings hält sie heute ebenfalls Einzug in die Städte. Diese Entwicklung hat sie in Norddeutschland schon hinter sich, in Süddeutschland vollzieht sich die Anpassung. Wie bei allen Tauben werden die Jungen mit einer Kropfmilch gefüttert.

VORKOMMEN Laub- und Mischwälder mit angrenzenden Wiesen, Feldern und Feldgehölzen zur Nahrungssuche, auch Parks innerhalb von Städten; auf einigen Inseln auch in Dünen ohne Baumwuchs; überwintert bei uns nur in wintermilden Gegenden, zieht in den Mittelmeerraum; häufig

GRÖSSE Länge 40–42 cm, FSW 75–80 cm

STIMME Reviergesang des Männchens dumpf gurrend wie »ru-guu-gu gugu«, meist auf der zweiten Silbe betont

NAHRUNG Samen, Beeren und Baumfrüchte, auch Getreide, Mais und grüne Pflanzenteile, gelegentlich auch Insekten und Würmer; in den Städten auch trockenes Brot

BRUT flaches, dürftiges Reisignest, meist hoch in Bäumen oder Hecken, in Städten auch an Gebäuden; 2–3 JB, 2 weiße Eier, BD 16–17 Tage, NZ 28–29 Tage

Typisch

Im Flug fallen neben dem hellen Halsfleck vor allem die weißen Flügelabzeichen auf. Das balzfliegende Männchen lässt klatschende Flügelgeräusche hören.

BEOBACHTUNGSZEIT/BRUTZEIT

J	F	M	A	M	J	J	A	S	O	N	D
			■	■	■	■	■	■			

TAUBEN · 187

VERBREITUNG

Austernfischer
Haematopus ostralegus

Kopf, Hals, Vorderbrust und Oberseite schwarz

Schnabel lang, gerade und rot

Unterseite weiß

Beine rot

Typisch

Zur Balzzeit fallen Austernfischer-Männchen durch ihre lautstarken Trillerkonzerte im Watt auf. Oft schließen sich ihnen weitere Vögel, auch Weibchen, an.

AUSTERNFISCHER · 189

Mit lauten »kliiiiep-kliiiiep«-Rufen begrüßen Austernfischer jeden Wattwanderer. Wegen ihres schwarz-weißen Gefieders werden sie gebietsweise an der Küste Meerelster genannt. Auch wenn ihr Name dies vermuten lässt, ernähren sich Austernfischer nicht von Austern, sondern von anderen Schalentieren.

VORKOMMEN an Küsten aller Art; in Mitteleuropa im Wattenmeer und auf den davor liegenden Küstenbereichen der Nord- und Ostsee relativ häufig; im küstennahen Binnenland entlang großer Flüsse

GRÖSSE Länge 40–44 cm, FSW 80–85 cm

STIMME in der Tonhöhe ansteigende Triller, laute, schrille »kliiiiep« Rufe, auch gereiht

NAHRUNG v.a. Schnecken, Krebstiere, Meereswürmer und Muscheln, die sie im Bodengrund stochernd oder pflügend erbeuten; auf strandnahen Feldern Regenwürmer und Insekten; haben zum Öffnen von Muscheln zwei Techniken, hämmern oder aufstemmen, interessanterweise wendet jeder Vogel nur eine davon an.

BRUT Bodennest; 1 JB, 3–4 gelblich graubraun gefärbte Eier mit dunklen Tupfen, BD 25–27 Tage, Junge sind Nestflüchter, verlassen nach ca. 5 Stunden das Nest, werden aber noch von beiden Altvögeln versorgt, flügge nach 32–35 Tagen

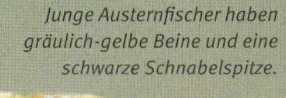

Junge Austernfischer haben gräulich-gelbe Beine und eine schwarze Schnabelspitze.

VERBREITUNG

BEOBACHTUNGSZEIT/BRUTZEIT
J F M A M J J A S O N D

Reiherente
Aythya fuligula

Die Reiherente ist inzwischen nach der Stockente in Mitteleuropa die zweithäufigste Entenart. Sie hat ihr Verbreitungsgebiet seit gut 100 Jahren kontinuierlich nach Westen und Süden ausgedehnt und mittlerweile den Atlantik erreicht. Mit ihrem schwarz-weißen Gefieder und den gelben Augen sind die Männchen kaum zu verwechseln. Der reiherähnliche Schopf am Hinterkopf hat vermutlich zu ihrem Namen geführt.

VORKOMMEN stehende und langsam fließende Gewässer aller Art, auch Meeresküsten; im Winter oft in großer Zahl auf größeren Seen, gelegentlich auch auf Parkteichen mitten in der Stadt, im Gebirge bis in 1800 m Höhe; verbreitet

Der Schopf ist nur im Prachtkleid so deutlich zu sehen.

VERBREITUNG

ENTENVERWANDTE · 191

Die Weibchen sind im Prachtkleid überwiegend dunkelbraun, ihr Schopf ist kürzer als beim Männchen.

GRÖSSE Länge 40–45 cm, FSW 67–73 cm

STIMME zur Balzzeit dünnes Pfeifen und Piepsen (Männchen) und hart knarrend »ärr ärr ärr« (Weibchen)

NAHRUNG v. a. Kleintiere wie Muscheln, Schnecken, Würmer, kleine Krebstiere, Fische und Insektenlarven, die tauchend erbeutet werden; seltener Pflanzliches

BRUT Bodennest aus Pflanzenmaterial wassernah in dichter Ufervegetation an Seen und großen Flüssen, auch auf kleinen Inseln; 1 JB, 6–12 blassgrüne Eier, BD 23–25 Tage, Junge sind Nestflüchter, können mit ca. 7 Wochen fliegen

Typisch

Reiherenten gehören zu den Tauchenten. Bei ihren Tauchgängen erreichen sie mehrere Meter Tiefe. Die geselligen Enten brüten gelegentlich in größeren Kolonien, dabei suchen sie gerne die Nähe von Lachmöwen.

BEOBACHTUNGSZEIT/BRUTZEIT

| J | F | M | A | M | J | J | A | S | O | N | D |

VERBREITUNG

Kopf kontrastreich dunkel-hell

Oberseite schiefergrau

Brust und Bauch quer gebändert

BEOBACHTUNGSZEIT/BRUTZEIT

J F M **A M** J **J** A S O N D

… FALKEN · 193

Wanderfalke (K3)
Falco peregrinus

Bei dem Wort Wanderfalke bekommen viele Ornithologen leuchtende Augen. Denn diesen schnittigen Jäger bei der Jagd beobachten zu können, ist ein besonderes Erlebnis. Leider war der mitteleuropäische Bestand Mitte des letzten Jahrhunderts durch illegalen Fang und den Einsatz von Chemie stark zurückgegangen. Schutzmaßnahmen und gezielte Ausbürgerungsaktionen verhalfen dem Wanderfalken zu einem erfolgreichen Comeback. In einigen Städten wurde er sogar gezielt angesiedelt, um der Tauben Herr zu werden.

VORKOMMEN Steilwände von der Tiefebene bis ins Hochgebirge, Felsküsten, wichtig sind guter Rundumblick sowie angrenzende offene Landschaften als Jagdgebiet; hohe Gebäude in Städten; selten

GRÖSSE Länge Männchen 38–45 cm, Weibchen 46–51 cm, FSW 95–115 cm

STIMME zur Brutzeit klagend »gjäi gjäi …« (Lahnen), bei Störung am Horst »kekekek«, bei Erregung scharf »kozick kozick kozick …«

NAHRUNG fast ausschließlich Vögel von Drossel- bis Reihergröße, Hauptbeute sind Tauben

BRUT baut kein Nest, Eier liegen in Nischen in Felsen oder Steilabbrüchen direkt auf dem Boden, auch in Nischen in Gebäuden, selten auch Baumbrüter in alten Greifvogelhorsten; 1 JB, 3–5 rahmfarbene Eier, dicht braun gefleckt, BD 29–32 Tage, NZ 35–42 Tage

Typisch

Der Wanderfalke ist ein rasanter Luftjäger, der von oben auf sein Opfer herabstößt. Dabei kann er im manchmal mehrere hundert Meter tiefen Sturzflug Geschwindigkeiten weit über 200 km/h erreichen.

Aufgrund ihrer auffälligen schwarz-weiß Färbung ist die Elster auch für Neulinge unter den Vogelbeobachtern kaum zu verwechseln. Früher war sie in der kleinräumigen Kulturlandschaft mit Feldgehölzen, Hecken und offenen, niederwüchsigen Freiflächen heimisch. Da diese Form der Agrarlandschaft immer seltener wird, lebt sie heute vermehrt auch in urbanen Gebieten. Auf Wiesen und Weiden sucht die Elster ihre Nahrung. Da sie sich auch an der Brut einiger Singvögel »vergreift«, ist sie bei vielen Menschen nicht beliebt. Allerdings haben Forschungen ergeben, dass sie dadurch nicht zum Rückgang dieser Vogelarten beiträgt.

VORKOMMEN offene oder halboffene Kulturlandschaft mit Hecken, Feldgehölzen, Alleen; Parks und Gärten mit Bäumen und hohen Büschen, auch mitten in Großstädten; lichte Wälder, Auwälder, Waldränder; von der Meeresküste bis in 1000 m Höhe im Gebirge

GRÖSSE Länge ca. 42–44 cm, FSW 52–60 cm

STIMME sehr stimmfreudig; unauffälliger Gesang aus schwätzenden, zirpenden und nasalen Tonfolgen; schackernde Rufe wie »schak-ak-ak«

NAHRUNG Allesfresser; Insekten, deren Larven, Spinnen, auch Würmer und Schnecken, im Frühjahr Eier und Jungvögel anderer Vogelarten, Kleinsäuger; im Winter Früchte, Beeren; ganzjährig Abfall und Aas

BRUT großes überdachtes Nest in Baumkronen, hohen Büschen oder Hecken, Plattform aus Zweigen und kleinen Ästen, Dachkonstruktion aus Zweigen, bevorzugt Dornenzweigen, Nestmulde aus Lehm, mit Wurzeln, Moos, Haaren und Federn ausgekleidet, seitlicher Nesteingang; 1 JB, 5–7 Eier, Farbe blass- bis grünlich blau, dicht gesprenkelt, BD 17–18 Tage, NZ 22–26 Tage

Vor allem im Flug fällt die Elster durch ihr schillerndes, kontrastreich gefärbtes Gefieder auf.

KRÄHENVÖGEL · 195

Elster
Pica pica

VERBREITUNG

Kopf, Nacken und Brust schwarz

weißes Schulterfeld

Bauch weiß

schwarze Beine

Typisch

Am Boden schreiten die Elstern meist mit angehobenem Schwanz. Im Winter schließen sie sich in der Regel zu kleineren Trupps zusammen.

BEOBACHTUNGSZEIT/BRUTZEIT

| J | F | M | A | M | J | J | A | S | O | N | D |

Schwarzspecht
Dryocopus martius

Der Schwarzspecht ist der größte Specht Europas. Wegen seines schwarzen Gefieders wird er regional Höhlenkrähe genannt. Der wissenschaftliche Artname martius *wurde ihm verliehen, weil er der italienischen Mythologie zu Folge der heilige Vogel des Kriegs- und Frühlingsgottes Mars war. Seine bis 60 cm tiefe Nisthöhle schlägt der Schwarzspecht bevorzugt in Buchen und Kiefern. Die Stämme müssen dafür bis in 10 m Höhe astfrei und sehr breit sein. Die hochovalen Einfluglöcher messen im Durchschnitt 12 × 9 cm.*

Männchen und Weibchen unterscheiden sich nur durch das Rot am Oberkopf: Männchen mit rotem Scheitel (links im Bild), Weibchen mit rotem Fleck am Hinterkopf (rechts).

BEOBACHTUNGSZEIT BRUTZEIT
J F M **A M J J A** S O N D

Männchen bei der Fütterung der Jungen. Bei ihnen ist an der Rotfärbung bereits das Geschlecht erkennbar: hier zwei Weibchen mit rotem Fleck am Hinterkopf.

Typisch

Um an die im Holz lebenden Rossameisen zu gelangen, muss sich der Schwarzspecht erst durch die äußere intakte Schicht des Baumes arbeiten. Dazu hackt er längliche Spalten in das Holz, die er bei Bedarf vertieft, indem er weitere Späne wegreißt.

VERBREITUNG

VORKOMMEN ausgedehnte lichte Nadel- und Mischwälder mit reichlich Altholz, im Gebirge bis zur Baumgrenze; im Winter gelegentlich auch in Parkanlagen; verbreitet

GRÖSSE Länge 44–46 cm, FSW 67–73 cm

STIMME ruft im Flug weithin hörbar »krükrükrü …« sowie klagend »kliöööh« nach der Landung; Reviergesang im Frühjahr gereiht, schneller werdend »kwi-kwi-kwi …«; Trommelwirbel kräftig, mit relativ langsamer Schlagfrequenz

NAHRUNG Insekten, hauptsächlich große Holz bewohnende Ameisen (Rossameisen) und Käferlarven

BRUT große selbst gezimmerte Höhle mit hochovalem Einschlupfloch, brütet häufig mehrmals hintereinander in der gleichen Höhle; 1 JB, 3–5 weiße Eier, BD 12–14 Tage, NZ 27–28 Tage

Rabenkrähe

Corvus corone

Die Nebelkrähe ist auffallend grauschwarz gefärbt. In den Überlappungszonen der Verbreitungsgebiete beider Arten, am Verlauf der Elbe und im westlichen Sibirien, gibt es Mischlingspopulationen.

VERBREITUNG

KRÄHENVÖGEL · 199

Rabenkrähe (Corvus corone) *und Nebelkrähe* (Corvus cornix) *werden von manchen Ornithologen als Unterarten* Corvus corone corone *und* Corvus corone cornix *der Aaskrähe* (Corvus corone) *aufgefasst, andere verleihen ihnen eigenen Artstatus. Sie haben ein unterschiedliches Brutgebiet: Das der Rabenkrähe erstreckt sich über Südwest-, West- und westliches Mitteleuropa etwa bis zur Elbe, das der Nebelkrähe schließt sich östlich der Elbe daran an und erstreckt sich über weite Teile Asiens.*

VORKOMMEN offene Kulturlandschaft mit Feldgehölzen und Hecken, Waldränder, Parks und Friedhöfe in Dörfern und Städten, Küsten, Heiden und Moore; häufig

GRÖSSE Länge 44–50 cm, FSW 93–104 cm

STIMME laut, krächzend »kräh« oder »wärr«, oft gereiht; Gesang leise plaudernd, selten zu hören

NAHRUNG Wirbellose wie Insekten, Würmer und Schnecken, Mäuse, Frösche, Eier und Junge von Kleinvögeln, auch Samen, Früchte, Aas und Abfälle

BRUT großes, sehr stabiles Nest aus Zweigen, meist hoch in einem Baum angelegt; 1 JB, 3–6 hellblaue bis türkisfarbene Eier, bräunlich gefleckt, BD 17–18 Tage, NZ 31–32 Tage

Typisch

Rabenkrähen leben in Dauerehe. Brutpaare sind während der Brutzeit territorial und verteidigen ihr Brutrevier. Danach schließen sie sich zu größeren Trupps zusammen. Noch nicht brütende Rabenkrähen bilden auch den Sommer über größere Schwärme.

BEOBACHTUNGSZEIT/BRUTZEIT

| J | F | M | A | M | J | J | A | S | O | N | D |

Vögel größer als eine Krähe

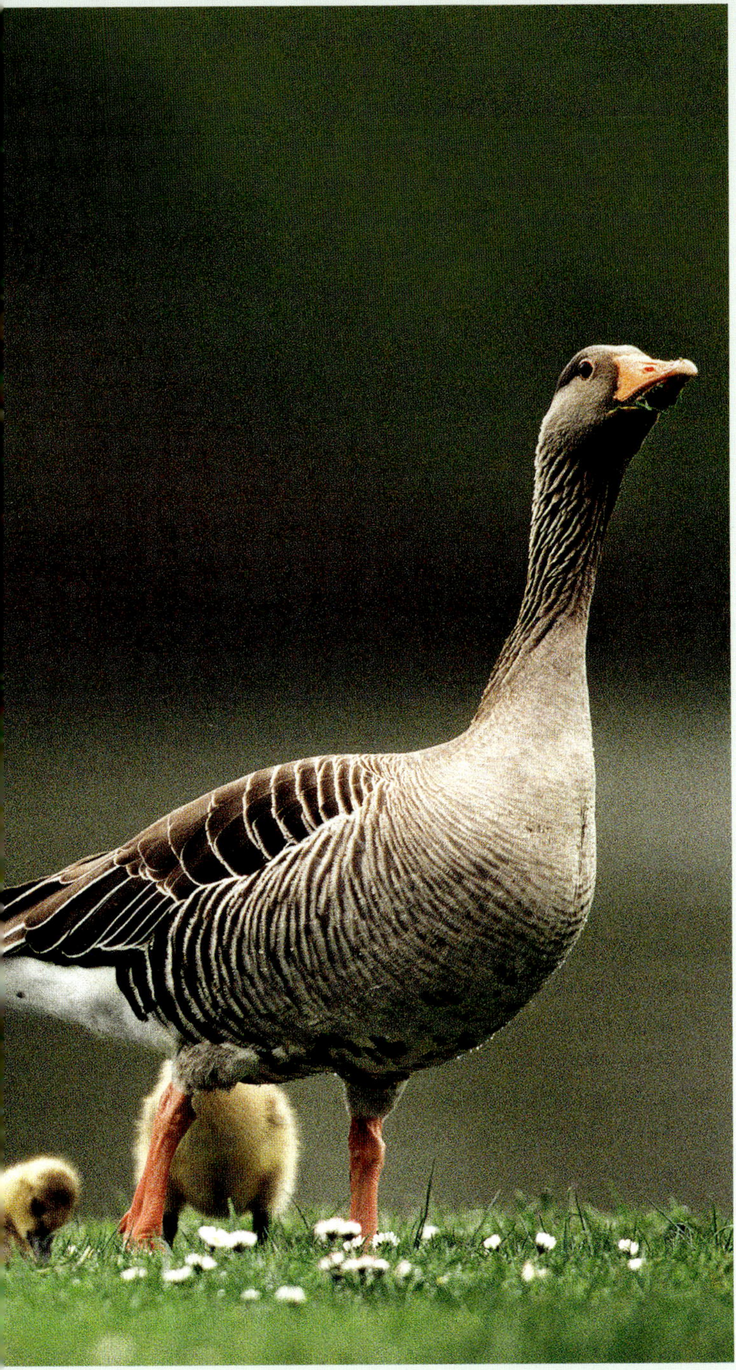

Wenn die Küken müde sind, nimmt sie ein Altvogel huckepack.

Haubentaucher
Podiceps cristatus

Der Name des Haubentauchers spricht für sich: Seine verlängerten Scheitelfedern sind zu einer Haube aufrichtbar und können wie »Ohren« gespreizt werden. Seine Lieblingsnahrung Fisch verfolgt er tauchend. Dabei erreicht er Wassertiefen bis zu 40 m und schwimmt bis zu 7 km/h schnell. Wegen seiner Leidenschaft für Fische wurde er jahrzehntelang gejagt. Seit er unter Schutz gestellt wurde, haben sich die Bestände erholt. Heute gefährden vor allem die Freizeitaktivitäten an den Brutgewässern und die Sportfischerei den Bruterfolg.

VORKOMMEN Seen und größere Teiche aller Art mit Freiwasserflächen und Schilfrand, auch ruhigere Bereiche an größeren Flüssen; im Winter auch an der Küste; verbreitet

GRÖSSE Länge 46–50 cm, FSW 85–90 cm

STIMME zur Balzzeit bellende, knarrende, rollende Laute

LAPPENTAUCHER · 203

NAHRUNG v. a. Fische bis zu 20 cm Länge, auch andere Wassertiere wie Frösche, Kaulquappen; Junge v. a. Wasserinsekten

BRUT Nest eine flache Plattform aus verrottendem Pflanzenmaterial, oft schwimmend, meist versteckt in der Ufervegetation; 1–2 JB, 4–5 weiße Eier, BD 27–29 Tage, Junge sind Nestflüchter, können ab dem 1. Tag schwimmen und tauchen, werden von den Altvögeln in Flügeltaschen auf dem Rücken getragen

Typisch

Die Zehen des Haubentauchers sind mit Schwimmlappen versehen, daher kommt der Name der Familie »Lappentaucher«. Dies ist wie die stromlinienförmige Körperform eine Anpassung an das Tauchen.

BEOBACHTUNGSZEIT/BRUTZEIT

| J | F | M | A | M | J | J | A | S | O | N | D |

Während der Balz führen die Vögel ein spektakuläres Wasserballett auf. Die Brutpartner schütteln ihre Köpfe, verrenken ihre Hälse und richten sich Brust an Brust senkrecht voreinander auf (»Pinguintanz«).

VERBREITUNG

204 ·

rote Hautlappen über den Augen

Unterschwanzdecken weiß

Gefieder blauschwarz glänzend mit weißen Bugflecken und weißen Flügelstreifen

Typisch

Die Schwanzfedern der Hähne sind leierförmig verlängert, dies ist einzigartig in der europäischen Vogelwelt. Die auffälligen roten, nackten Hautlappen über den Augen, die sogenannten Rosen, schwellen bei den Hähnen während der Balz stark an.

VERBREITUNG

BEOBACHTUNGSZEIT/BRUTZEIT

| J | F | M | A | M | J | J | A | S | O | N | D |

GLATT- UND RAUFUSSHÜHNER · 205

Birkhuhn (K1)
Tetrao tetrix

Zur Balzzeit im zeitigen Frühjahr führen die Hähne eine Arena- oder Gruppenbalz auf. Dabei versammeln sie sich auf traditionellen Plätzen, auf denen sie kleine Territorien etablieren und gegen ihre Nachbarn mit Flattersprüngen verteidigen. In der Balzhaltung stellen sie den gefächerten Schwanz auf, dadurch sind die weißen Unterschwanzdecken sichtbar.

VORKOMMEN v. a. Nord- und Osteuropa; in Mitteleuropa nur noch in der Latschenregion und in Zwergstrauchheiden der Alpen sowie in kleinen Arealen im Bayerischen und Böhmerwald, in der Rhön und in der Norddeutschen Tiefebene; bewohnt weite Moor- und Heidegebiete mit eingestreuten Gehölzgruppen

GRÖSSE Länge Hahn 50–58 cm, Henne 40–42 cm; FSW Hahn bis 80 cm, Henne bis 65 cm

STIMME während der Gruppenbalz ein auffälliges, weit hörbares Kullern und fauchendes Zischen der Hähne; Weibchen gackern nasal

NAHRUNG Knospen und Triebe von Bäumen und Zwergsträuchern, v. a. Heidel- und Preiselbeeren; im Herbst Beeren, im Winter Nadeln von Fichten und Kiefern; Junge fressen Insekten

BRUT Nest eine einfache Mulde am Boden, gut versteckt in der dichten Vegetation; 1 JB, 6–10 Eier, ockergelblich mit rostbraunen Punkten und Klecksen, BD 25–27 Tage, Junge sind Nestflüchter, verlassen das Nest nach einer Woche, bleiben aber bis zum Herbst bei der Mutter, können bereits im Alter von 10–14 Tagen fliegen, sind mit ca. 4 Wochen selbstständig

Birkhennen ähneln kleinen Auerhennen, sie haben aber einen gekerbten Schwanz. Ihr tarnfarbenes Gefieder ist grau-, dunkel-, rost- und gelblich braun gebändert.

Mäusebussard
Buteo buteo

Der Mäusebussard ist bei uns die verbreitetste und zugleich häufigste Greifvogelart. Bevor er den aus dem Französischen übernommenen Namen Bussard bekam, hieß er bei uns althochdeutsch »Musari«, mittelhochdeutsch »mus-ar«, was Mäuseadler bedeutet. Dieser Name macht deutlich: Die Hauptnahrung des Bussards sind Mäuse. Er erbeutet sie meist von einer niedrigen Warte aus. Im Winter sieht man Mäusebussarde häufig entlang stark frequentierter Straßen sitzen und die überfahrenen oder verletzten Tiere »entsorgen«.

Mäusebussard auf dem Ansitz. Bewegungslos wartet er, bis sich unter ihm ein unvorsichtiges Beutetier zeigt. Dann gleitet er herab, um es zu schlagen.

VERBREITUNG

HABICHTVERWANDTE · 207

Im niedrigen Suchflug über dem Jagdgebiet – eine weitere Variante des Beuteerwerbs.

VORKOMMEN hochstämmige, nicht zu dichte Wälder aller Art, abwechslungsreiche Waldlandschaften, Feldgehölze; Nahrungssuche in offenem Kulturland; häufig

GRÖSSE Länge 50–57 cm, FSW 110–130 cm

STIMME häufigster Ruf ein hohes, miauendes »hiääh«, wird von Männchen und Weibchen geäußert

NAHRUNG Kleinsäuger bis zur Größe von jungen Kaninchen, hauptsächlich jedoch Feldmäuse, daneben auch Frösche, Kröten, Blindschleichen, Eidechsen, sogar Insekten, Regenwürmer und Fische, auch Aas

BRUT Horst aus Zweigen hoch in Laub- oder Nadelbäumen; 1 JB, 2–3 weißliche Eier, dunkel gefleckt, BD 33–38 Tage, NZ 45–50 Tage

Typisch

Mäusebussarde können auf ihrer Unterseite recht variabel gefärbt sein. Es gibt sehr helle Individuen, aber auch ausgesprochen dunkle. Den meisten gemeinsam ist ein helles Brustband.

BEOBACHTUNGSZEIT/BRUTZEIT

| J | F | M | A | M | J | J | A | S | O | N | D |

Stockente
Anas platyrhynchos

Stockenten gehören zu den sogenannten Gründelenten: Bei der Suche nach Unterwasserpflanzen ist der Vorderkörper eingetaucht, nur das Hinterteil ragt aus dem Wasser. Die Stockente ist der häufigste Wasservogel Europas und die Ente mit der weitesten Verbreitung. Fast alle unsere Hausenten gehen auf die Stockente zurück. Durch Vermischung von Wild- und Zuchtformen trifft man bei uns viele Enten in den verschiedensten Schattierungen.

VORKOMMEN stehende Gewässer aller Art von der Küste bis ins Gebirge, auch innerhalb von Siedlungen aller Art, an Park- und Gartenteichen; häufig

GRÖSSE Länge 50–60 cm, FSW 80–95 cm

Stockenten-Pärchen im Prachtkleid. Den blauen Flügelspiegel haben beide Geschlechter.

STIMME Männchen rufen heiser »räb-räb«, während der Balz hoch pfeifend, Weibchen quaken laut »waak-waak«

NAHRUNG Schwimm- und Unterwasserpflanzen, Uferpflanzen, kleine Wassertiere und Insekten, die Enten durchseihen beim Gründeln mithilfe von Lamellen an den Schnabelrändern den Schlamm; Nahrungssuche auch an Land

Typisch

Im Prachtkleid sind die mittleren Steuerfedern der Männchen, die sogenannten Erpellocken, nach oben aufgebogen. Im weibchenähnlichen Schlichtkleid erkennt man die Erpel am senfgelben Schnabel.

BRUT Nest aus Pflanzenmaterial am Boden, meist in Gewässernähe in der dichten Ufervegetation, auch an Gartenteichen; 1 JB, 7–11 grünlich rahmfarbene bis blass blaugrünliche Eier, BD 27–28 Tage, Junge sind Nestflüchter, können sofort schwimmen, flugfähig mit ca. 8 Wochen

VERBREITUNG

BEOBACHTUNGSZEIT/BRUTZEIT

| J | F | M | A | M | J | J | A | S | O | N | D |

210 ·

VERBREITUNG

Zum Festhalten der glitschigen Fische ist die Unterseite der starken Zehen mit spitzigen Dornen besetzt.

Fischadler *(K3)*
Pandion haliaetus

Im Altertum hatte der Fischadler einen guten Ruf und wurde geschützt, versprach er doch einen erfolgreichen Fischfang, wenn er sich vor Auslaufen der Boote zeigte. Noch vor einigen Jahrzehnten waren seine Bestände durch Umweltgifte, Zerstörung seiner Lebensräume und direkte Verfolgung bei uns stark reduziert. Dank vieler Schutzmaßnahmen breitet er sich in ganz Europa allmählich wieder aus.

VORKOMMEN fischreiche, klare Gewässer inmitten von Wäldern, Brackgewässer an der Küste, auch direkt an der Meeresküste; auf dem Zug regelmäßig an Fischteichen sowie an fischreichen Seen und Flüssen; überwintert in Afrika südlich der Sahara; selten

GRÖSSE Länge 55–60 cm, FSW 140–170 cm

STIMME warnt rau »kjukju«, ruft bei der Balz in Horstnähe häufig kurz, gereiht, am Ende in der Tonhöhe abfallend »tjip-tjip-tjüp-tjüp-tjöp«

NAHRUNG mittelgroße Fische, die er nach einem Sturzflug im Wasser mit den Füßen greift

BRUT mächtiger Horst auf hohen, alten Bäumen – meist Kiefern – oder an Klippen, wird oft jahrelang benutzt, nimmt auch vom Menschen errichtete künstliche Horste etwa auf Strommasten an; 1 JB, meist 3 rahmfarbene, braun gefleckte Eier, BD 35–38 Tage, NZ 6–8 Wochen

Typisch

Bei der Fischjagd stürzt sich der rüttelnde Fischadler aus großer Höhe mit vorgestreckten Fängen ins Wasser und packt die Beute.

BEOBACHTUNGSZEIT/BRUTZEIT

J	F	M	A	M	J	J	A	S	O	N	D

VERBREITUNG

Die seit einigen Jahren als eigene Art geltende Mittelmeermöwe (Larus michahellis) *unterscheidet sich von der Silbermöwe vor allem duch die gelb-orangen Beine.*

gelber Schnabel mit rotem Fleck auf dem Unterschnabel

Auge hellgelb, gelber Lidring

Oberflügel silbergrau

Flügelspitzen schwarz mit weißen Spitzen

Beine rosa bis fleischfarben

MÖWEN · 213

Silbermöwe
Larus argentatus

Sie ist der Charaktervogel der Nordseeküste und ohne ihre gellenden Rufe ist ein Tag am Watt nicht denkbar. Als sehr anpassungsfähige Art hat die Silbermöwe die Städte an der Küste erobert und sich dadurch nicht nur eine Vielzahl an neuen Brutlebensräumen erschlossen, sondern auch ihre Nahrungspalette erweitert. Man trifft sie auf Mülldeponien, im Binnenland bei Schlachthöfen oder sie folgt Touristen- und Fischerbooten in der Hoffnung auf etwas Fressbares.

VORKOMMEN Küste der Nord- und Ostsee, auf Strand- und Salzwiesen, Dünen, Sandbänken, Kiesinseln, Klippen, auch an küstennahen Gewässern, in Städten auch auf Hausdächern; im Winter häufig in Fischereihäfen, dann auch weiter im Binnenland; häufig

GRÖSSE Länge 55–60 cm, FSW 130–160 cm

STIMME ruft miauend »kjau-kjau«, oft vielfach gereiht, zur Balzzeit jauchzend »kija kija kija kijau«, Warnruf am Nest wie »gagagag«

NAHRUNG Meerestiere wie Muscheln, Krebse und Seesterne, Würmer, Insekten, Vogeleier und Jungvögel, Fische, Pflanzen, Getreide, Aas und Abfälle

BRUT umfangreiches Bodennest aus trockenem Pflanzenmaterial und Strandgut, Koloniebrüter; 1 JB, 2–3 grünlich olivbraune Eier, braun oder schwarz gesprenkelt, BD 26–30 Tage, Junge sind Platzhocker (siehe Seite 170/171), können mit 6–7 Wochen fliegen

Typisch

Sobald die Altvögel am Nest erscheinen, picken die hungrigen Jungen auf den roten Fleck am Unterschnabel. Damit lösen sie den Fütterreflex aus. Die Altvögel würgen daraufhin das mitgebrachte Futter aus.

J F M **A M J J A S** O N D

Kolkrabe
Corvus corax

VERBREITUNG

Mit seinem mächtigen Schnabel kann der Kolkrabe auch geschwächte oder kranke Tiere wie Hasen oder Kaninchen töten.

Typisch

Da im Flug Kopf und Schwanz relativ weit über die Flügelfläche hinausragen, wirkt die Silhouette kreuzförmig. Im Frühjahr vollführen die Paarpartner akrobatische Flugspiele mit Rolle rückwärts und seitwärts oder Sturzflügen.

BEOBACHTUNGSZEIT/BRUTZEIT

| J | F | M | A | M | J | J | A | S | O | N | D |

Kolkraben sind nicht nur die größten Rabenvögel der Welt, sondern auch die größten Singvögel. Sie sind sehr intelligent und können ziemlich alt werden. In den Mythologien der Welt sind sie entweder Götterbegleiter oder Weltenschöpfer, aber auch Vögel der Hexen und Zauberer. Letzterem verdanken sie den Ruf der Unglücksboten, weshalb sie rücksichtslos verfolgt, bejagt und vergiftet wurden, bis sie fast ausgerottet waren. Durch Schutzmaßnahmen und Auswilderungsprojekte sind sie heute nicht mehr gefährdet.

VORKOMMEN schwerpunktmäßig Hoch- und Mittelgebirge und Nordostdeutschland, daneben unterschiedlichste Lebensräume wie Küste, offene Waldlandschaften, lichte Laub- und Nadelwälder

GRÖSSE Länge 55–65 cm, FSW 120–150 cm

STIMME ruft tief und sonor »krok«, »kroa«, »karonk«, auch klangvoll »klong« oder krähenartig »wärr«; Gesang leise schwätzend, selten zu hören; der Name Kolkrabe ist lautmalerisch von den Rufen abgeleitet

NAHRUNG Kleintiere wie Insekten, Würmer und Schnecken, Kleinsäuger, Amphibien, Jungvögel und Eier, aber auch Samen und Früchte, tötet schwache oder kranke Wirbeltiere bis Hasengröße auch selbst; im Winter Aas und Abfälle

BRUT mächtiges Nest aus Reisig, trockenem Gras und Tierhaaren, in der Krone hoher Nadel- und Laubbäume (im Tiefland) oder in Höhlungen steiler Felswände, wird viele Jahre genutzt; 1 JB, 3–6 grünlich blaue Eier, dunkel gefleckt oder gesprenkelt, BD 20–21 Tage, NZ ca. 6 Wochen

Der Kolkrabe segelt oft ausdauernd über seinem Revier. Am keilförmigen Schwanz ist er auch in größerer Höhe gut zu bestimmen.

Brandgans
Tadorna tadorna

Brandgänse sind typische Vögel der Nordseeküste. Mit ihrem kontrastreichen Gefieder sind sie schon von Weitem gut zu bestimmen. Das »Brand« im Namen bezieht sich vielleicht auf das rostbraune Brustband. Brandgänse sind sogenannte Halbgänse, das heißt große Enten mit Merkmalen von Gänsen. Nach der Brutzeit versammeln sich Zehntausende von Brandgänsen Mittel-, Ost-, West- und Nordeuropas an traditionellen Mauserplätzen an der Nordsee.

VORKOMMEN bei uns an flachen Sandstränden der Nord- und Ostsee, gelegentlich auch an küstennahen Binnengewässern und Flussmündungen; seit einigen Jahrzehnten vereinzelte Brutvorkommen im Binnenland, etwa in den Rieselfeldern von Münster

GRÖSSE Länge 58–61 cm, FSW 110–130 cm

STIMME während der Balzzeit dünn pfeifende und hoch zwitschernde Rufe der Männchen, Weibchen schnell nasal gackernd

NAHRUNG Wirbellose im Schlick und Schlamm wie kleine Wattschnecken und Muscheln, Ringelwürmer, Kleinkrebse, Insektenlarven; auch Algen; im Winter Sämereien auf Feldern

BRUT Nest aus Pflanzenmaterial und Dunen in Höhlen wie Kaninchenbauen oder Schlupfwinkeln unter überhängenden Sträuchern, unter Felsblöcken, in Erdlöchern in Dämmen oder Uferböschungen; 1 JB, 8–12 rahmweiße Eier, BD 28–30 Tage, Nestflüchter, die älteren Jungen mehrerer Paare werden häufig in sogenannten Kindergärten von wenigen Altvögeln betreut; sind mit ca. 50 Tagen selbstständig

Typisch

Bei der Nahrungssuche durchseihen die Brandgänse mit ihrem Schnabel unter pendelnden Kopfbewegungen den Schlamm und das Flachwasser.

ENTENVERWANDTE · 217

2 schwarze »Hosenträger« am Rücken, gebildet von schwarzen Flügeldecken

rostbraunes Brustband

schwarzes Band vom Brustband bis zum Unterschwanz

Männchen mit Schnabelhöcker

VERBREITUNG

BEOBACHTUNGSZEIT/BRUTZEIT

| J | F | M | A | M | J | J | A | S | O | N | D |

Gänsesäger *(K3)*
Mergus merganser

Der Name Säger leitet sich von den gesägten Schnabelrändern ab. Sie helfen dem Vogel, glitschige Fische festhalten zu können. Zusätzlich ist die Oberschnabelspitze noch hakenartig nach unten gebogen. Den Fischen stellen Gänsesäger bis in 15 m Tiefe tauchend nach. Zuvor orten sie die Beute, indem sie beim Schwimmen ins Wasser lugen, das heißt, den Kopf flach ins Wasser tauchen.

VORKOMMEN baumbestandene Flüsse und Seen mit klarem Wasser, brütet bei uns in Süddeutschland sowie in Norddeutschland; Hauptverbreitung in Nordeuropa und Island; gebietsweise selten

GRÖSSE Länge 58–68 cm, FSW 82–98 cm

Das Weibchen führt die Jungen allein. Mitunter dient sein Rücken als Fähre, wenn der Nachwuchs müde ist.

ENTENVERWANDTE · 219

Das Männchen ist kontrastreich grün-weiß-schwarz gefärbt. Durch den Schopf wirkt der Kopf wuchtig.

STIMME Männchen bei der Balz tief klingelnd »drrü-drrü«, Weibchen ruft hart »krah-krah«

NAHRUNG kleine Fische bis 15 cm Größe, die tauchend erbeutet werden

BRUT Nest meist in Baumhöhle in der Nähe eines Gewässers, auch Höhlungen in Felsen oder Mauern, bezieht auch Nistkästen; 1 JB, 6–12 grünlich-bräunliche Eier, BD 30–33 Tage, Junge sind Nestflüchter, verlassen die Bruthöhle schon kurz nach dem Schlüpfen, können nach ca. 65 Tagen fliegen

VERBREITUNG

Typisch

Beim Schwimmen liegt der Gänsesäger tief im Wasser. Dann kommt seine lange stromlinienförmige Gestalt noch stärker zum Ausdruck.

BEOBACHTUNGSZEIT/BRUTZEIT

| J | F | M | A | M | J | J | A | S | O | N | D |

220

- Federohren
- orangefarbene Augen
- oberseits rindenfarbenes Gefieder
- mächtige Krallen

VERBREITUNG

BEOBACHTUNGSZEIT/BRUTZEIT
J F M A M J J A S O N D

Uhu (K3)
Bubo bubo

Der Uhu ist die größte Eule Europas. Vorurteile haben ihm stark zugesetzt. Wegen seiner unheimlichen Rufe galt er als Totenvogel und wurde gejagt. Auch sollte ein ans Tor genagelter Uhu gegen Blitz und Feuer schützen. Deshalb waren die Bestände bis Mitte des letzten Jahrhunderts bei uns fast erloschen. Intensive Schutzbemühungen wie die Bewachung der Horste zur Brutzeit oder die Auswilderung von handaufgezogenen Jungvögeln haben die Zahlen wieder ansteigen lassen. Heute kann man den schaurig klingenden Ruf des Uhus, nach dem er benannt ist, wieder öfter hören.

VORKOMMEN waldreiche Regionen v. a. in den Alpen und Mittelgebirgen, auch im Tiefland mit felsigem Gelände, in Flusstälern mit Steilhängen oder großen Steinbrüchen, gelegentlich auch in der Nähe einer Straße; jagt überwiegend auf offenem Gelände; gebietsweise, aber selten

GRÖSSE Länge 60–70 cm, FSW 150–170 cm

STIMME ruft bei Gefahr kreischend »chrää«; Gesang des Männchens zur Balzzeit tief, volltönend und gereiht »buho«, des Weibchens etwas höher und zweisilbig »u-huu«

NAHRUNG Säugetiere bis Feldhasengröße, Vögel bis zur Größe einer Stockente; in der kalten Jahreszeit auch Amphibien und Insekten, gelegentlich Fische

BRUT baut kein Nest, Eier liegen in flacher Mulde auf dem Fels, Boden, gelegentlich in hohen alten Baumhorsten; 1 JB, 2–4 weiße Eier, BD 32–36 Tage, NZ ca. 35 Tage

Typisch

Die dämmerungs- und nachtaktive Eule jagt ihre Beute entweder von einem Ansitz aus oder im niedrigen Suchflug. Dabei gleitet der Uhu mit flach gehaltenen Flügeln.

Im Prachtkleid ist das Männchen durch sein weißes Gefieder an Rücken und Brust leicht zu bestimmen.

Eiderente (KV)
Somateria molissima

Viele haben diese kräftig gebaute Meeresente vermutlich noch nicht gesehen. Doch die meisten wissen, dass sie es dieser Ente zu verdanken haben, wenn sie sich in einer kalten Winternacht wohlig in ihr warmes Daunenbett kuscheln können. Denn die Weibchen der Eiderente sind die Lieferanten der bekannten Eiderdaunen. Auch ihre Jungen liegen warm in ihrem »Daunenbett«. Dazu rupfen sich die Weibchen das Bauchgefieder aus und polstern damit das Nest.

VORKOMMEN Küsten der Nordsee, Skandinaviens, Großbritanniens und Islands; als seltener Wintergast auch an größeren Binnenseen in Mitteleuropa

GRÖSSE Länge 60–70 cm, FSW 80–110 cm

STIMME Weibchen ruft knarrend oder tief gackernd; Männchen zur Balzzeit laut schallend und ähnlich einem Uhu »ah-ohuu«

NAHRUNG Muscheln, Schnecken, Seesterne, Krebse, die mehrere Meter tief tauchend erbeutet werden; gründelt im Flachwasserbereich auch nach Wasserinsekten und Seegras

BRUT Bodennest in kleiner Senke oder Halbhöhle, auf dem Festland vorgelagerten Felsinselchen, dicht mit Dunen ausgepolstert, oft Koloniebrüter; 1 JB, 4–6 olivgelbliche oder hellbräunlich grüne Eier, BD 25–28 Tage, Junge sind Nestflüchter, sind nach ca. 70 Tagen flugfähig

Typisch

Das Kopfprofil der Eiderenten wirkt durch den keilförmigen Schnabel dreieckig. Sie fliegen oft in langen Reihen niedrig über das Meer.

Das braune Gefieder des Weibchens ist dicht gebändert. Dadurch ist sie während des Brütens gut getarnt.

BEOBACHTUNGSZEIT/BRUTZEIT
J F M A M J J A S O N D

Rotmilan (KV)
Milvus milvus

grauer Kopf, dunkler Schnabel mit gelber Wachshaut, gelbe Augen

Beine gelb, dichte rotbraune Befiederung

rotbrauner Schwanz

Typisch

Dieser elegante Greifvogel vollführt im Frühjahr während der Balz beeindruckende Flugspiele. Männchen und Weibchen sind gleich gefärbt.

Gabelweihe, der zweite Name des Rotmilans, ist eine Anspielung auf seinen tief gegabelten, langen Schwanz, der im Flug sofort ins Auge fällt. Der Rotmilan ist eine der wenigen Vogelarten, die nahezu nur in Europa vorkommen. Rund die Hälfte des Weltbestands lebt in Deutschland. Als Bewohner abwechslungsreicher Kulturlandschaft hängt sein Fortbestehen stark mit der Form der Landwirtschaft zusammen. Eine Intensivierung mit allen negativen Folgen würde ihm die Nahrungsgrundlage nehmen.

VORKOMMEN reich gegliederte Kulturlandschaft mit Gehölzen, offenen Flächen und Gewässern im Tiefland, lichte Wälder; seit einiger Zeit überwintern Rotmilane bei uns und versammeln sich dann in großen Schwärmen an Schlafplätzen; gebietsweise häufig

GRÖSSE Länge 60–70 cm, FSW 145–170 cm

STIMME während der Flugbalz pfeifende und klagende Rufe

NAHRUNG Kleinsäuger, Amphibien und Reptilien, Vögel bis Möwengröße, häufig Aas, auch Abfälle; »entsorgt« die überfahrenen Tiere entlang den Straßen

Der fliegende Rotmilan hält seine langen, schlanken Flügel oft gewinkelt. Dabei verdreht er häufig seinen tief gegabelten Schwanz.

BRUT Nest aus Zweigen und Ästen in der Krone hoher Bäume, Mulde mit Gras, Blättern und Erde, aber auch mit Lumpen, Papier- und Plastikstücken ausgelegt, bezieht auch alte Krähen- oder Greifvogelnester; 1 JB, 2–3 weißliche Eier, rötlich braun gezeichnet, BD 31–32 Tage, NZ 45–50 Tage

VERBREITUNG

BEOBACHTUNGSZEIT/BRUTZEIT

| J | F | M | A | M | J | J | A | S | O | N | D |

Auerhuhn (K1)
Tetrao urogallus

»Den Auerhahn macht Liebe blind, so geht's auch manchem Menschenkind.« Diese Volksweisheit bezieht sich auf die Balz, während der die Hähne nicht registrieren, was um sie herum geschieht. Das nutzten früher Jäger aus, um sich auf Schussnähe heranzuschleichen. Außerhalb der Balz sind Auerhühner sehr scheu und man bekommt sie nur selten zu Gesicht.

VORKOMMEN ruhige, reich strukturierte Misch- und Nadelwälder mit Lichtungen und kleinen Mooren, wichtig sind Zwergsträucher wie Blau- und Preiselbeere sowie Ameisenhaufen; nur noch an wenigen Stellen in den Alpen und in den Mittelgebirgen Mitteleuropas; selten

GRÖSSE Länge Hahn 75–90 cm, Henne 55–63 cm; FSW Hahn bis 125 cm, Henne bis 85 cm

STIMME balzende Hähne äußern wetzende, knappende, trillernde, schleifende und wie Sektkorken knallende Töne; Weibchen goggern nasal »kok kok«

NAHRUNG überwiegend pflanzlich, wie Beeren, Kräuter, Triebe und Knospen von Bäumen und Sträuchern, v. a. von Heidelbeere, im Sommer auch Ameisen und Insekten; im Winter Fichten- oder Kiefernnadeln

BRUT flaches Bodennest, oft unter herabhängenden Zweigen eines Nadelbaums; 1 JB, 7–12 rostgelbliche, dunkel gesprenkelte Eier, BD 24–26 Tage, Junge sind Nestflüchter, können schon nach 14 Tagen fliegen, sind selbstständig mit ca. 4 Monaten

Die Brust des Weibchens ist orangebraun, das Gefieder deutlich gebändert.

GLATT- UND RAUFUSSHÜHNER · 227

VERBREITUNG

Typisch

Der größte europäische Hühnervogel fliegt, wenn er aufgescheucht wird, laut polternd ab.

BEOBACHTUNGSZEIT/BRUTZEIT
J F M **A M J J** A S O N D

Fasan
Phasianus colchicus

Das natürliche Verbreitungsgebiet des Fasans reicht vom Kaukasus bis nach Japan. Bei uns wurde der Fasan bereits im Altertum als leicht zu schießendes Jagdwild eingeführt. Aufgrund seiner großen Anpassungsfähigkeit konnte er sich in Europa bis auf den hohen Norden gut eingliedern. Über den Winter wird er in unseren Breitengraden von Förstern in der Regel zugefüttert. Heute ist er zahlenmäßig das häufigste Feldhuhn bei uns. Die meisten Fasane sind eine Mischung aus verschiedenen Unterarten.

VORKOMMEN kleinräumige Kulturlandschaft mit Feldern, Feldgehölzen und dichten Gebüschen, Ränder lichter Wälder; vielerorts häufig

Eine überaus prächtige Erscheinung. Durch die Mischung verschiedener Unterarten gibt es Fasanen mit und ohne weißen Halsring.

VERBREITUNG

Hennen sind tarnfarben beigebraun. Dunkle Federzentren auf der Oberseite verstärken den Tarneffekt.

GRÖSSE Länge Hahn 70–90 cm, Henne 55–70 cm, FSW 70–90 cm

STIMME Revierruf des Hahns blökend »köökock«, dem ein deutliches Flügelgeräusch folgt; Alarmruf des Hahns heiser krächzend »äch-äch«, der Henne scharf »zik-zik«

NAHRUNG v. a. grüne Pflanzenteile, Samen, Beeren, Getreide und Feldfrüchte, zur Brutzeit Insekten, Würmer, Schnecken und andere Wirbellose

BRUT flaches, einfaches Bodennest aus Pflanzenteilen im dichten Bewuchs; 1 JB, 8–12 hell olivbraune Eier, BD 23–26 Tage, Junge sind Nestflüchter und können bereits mit knapp 2 Wochen fliegen

BEOBACHTUNGSZEIT/BRUTZEIT

J	F	M	A	M	J	J	A	S	O	N	D

Typisch

Durch den langen Schwanz, den sowohl Männchen als auch Weibchen haben, unterscheiden sich Fasanen von allen anderen Hühnerarten bei uns.

Graugans
Anser anser

Die Graugans, Stammmutter unserer Hausgans, trägt ihren Namen aufgrund ihres sprichwörtlichen grauen Gefieders und ist bei uns sehr weit verbreitet. Allerdings sind viele Graugänse westlich der Elbe die Nachkommen von ausgesetzten Vögeln. Sie leben meist halbzahm an Seen und Teichen, innerhalb von Städten auch an Parkgewässern, wo sie sich füttern lassen. Dort leisten ihnen Kanadagänse (siehe Seite 240/241) Gesellschaft, mit denen sie hin und wieder auch Mischpaare bilden.

VORKOMMEN Feuchtgebiete, Gewässerufer, Flussniederungen Nord-, Ost- und Mitteleuropas, in Mitteleuropa auch in Parks mit deckungsbietender Ufervegetation

GRÖSSE Länge 75–90 cm, FSW 150–170 cm

STIMME nasale Rufe ähnlich den Hausgänsen

NAHRUNG Gras, Kräuter und Wurzeln an Land, auch Wasser- und Sumpfpflanzen, gründelnd Unterwasserpflanzen

BRUT Bodennest aus Pflanzenmaterial in Gewässernähe, gut versteckt im Bewuchs der Ufervegetation, Nestmulde mit Dunen ausgelegt; 1 JB, 4–8 schmutzigweiße Eier, BD 27–29 Tage, Junge sind Nestflüchter, werden von beiden Eltern geführt, flugfähig nach ca. 8 Wochen

VERBREITUNG

BEOBACHTUNGSZEIT/BRUTZEIT
J F **M A M J** J A S O N D

ENTENVERWANDTE · 231

Vorderflügel leuchtend hellgrau

Flanken und Mantel braun, helle Federkanten ergeben weiße Bänderung

Schwanzbasis und -ende weiß

hell graubrauner Rücken und Bürzel

Typisch

Gänse sind sprichwörtlich wachsam. Beim Imponieren oder bei nachbarlichen und Revierstreitigkeiten legen sie den Hals flach nach vorn und fauchen.

Steinadler
Aquila chrysaetos

Die goldbraune Tönung am Kopf hat dem Steinadler zu seinem wissenschaftlichen Artnamen chrysaetos (goldköpfig) verholfen.

VERBREITUNG

BEOBACHTUNGSZEIT/BRUTZEIT
J **F M A M** J J A S O N D

»Golden Eagle« wird der majestätische Greifvogel in England aufgrund seiner schimmernden Nackenfedern genannt. Hierzulande trägt er vor allem wegen seiner unglaublichen Flugkünste den Beinamen »König der Lüfte«. Das Wort Adler geht aber eigentlich auf das mittelhochdeutsche »adel-ar« zurück und bedeutet edler Adler im Gegensatz zu unedlen Adlern wie Bussarden (siehe Seite 206/207). Die Falknerei mit ihnen war nur den Adligen vorbehalten. Die Verbreitung der Steinadler ist heute in Deutschland auf die Alpen beschränkt.

VORKOMMEN Brutvogel der Alpen; fliegt im Winter zur Jagd oft weit in die Täler hinab oder ins Alpenvorland; gebietsweise, aber selten

GRÖSSE Länge 75–90 cm, FSW 190–220 cm

STIMME ruft bussardähnlich »hiäh« oder laut »jick jick«, selten zu hören

NAHRUNG Säugetiere bis zur Größe eines Gamskitzes oder Schafs sowie Vögel bis etwa Auerhahngröße, in den Alpen überwiegend Murmeltiere; im Winter hauptsächlich Fallwild oder geschwächte Tiere

BRUT großer Horst aus Zweigen und Ästen in steilen, unzugänglichen Felsen, im Norden auch hoch auf alten Kiefern, wird meist mehrere Jahre hindurch benutzt; 1 JB, meist 2 weißliche, bräunlich gefleckte Eier, BD 43–45 Tage, NZ 65–80 Tage

Typisch

Der Steinadler hat zwei Jagdmethoden: Entweder hält er hoch kreisend Ausschau nach Beute, oder er überrascht sie im niedrigen Suchflug, indem er jede Deckung ausnutzt.

An der weißen Schwanzwurzel und den weißen Fenstern in den Flügeln ist der Jungvogel erkennbar.

Seeadler *(K3)*
Haliaeetus albicilla

Es ist schon ein besonderes Erlebnis, einem Seeadler-Paar bei der Jagd auf Wasservögel zuzuschauen. Beide Vögel attackieren die anvisierte Beute abwechselnd so lange, bis sie durch das permanente Abtauchen erschöpft ist, dann ergreift sie einer der Adler im Vorbeiflug von der Wasseroberfläche. Doch solche Anblicke sind nicht häufig, denn trotz leichter Bestandserholung ist der Seeadler bei uns immer noch stark gefährdet. Übrigens ist der auf Naturschutzschildern abgebildete Seeadler nicht unserer Art, sondern dem nordamerikanischen Weißkopf-Seeadler nachempfunden.

VORKOMMEN Meeresküsten, baumbestandene Bereiche an großen fischreichen Seen und Flüssen, bei uns v. a. in Nordostdeutschland; im Winter gelegentlich auch an Seen in Süddeutschland; gebietsweise, aber selten

GRÖSSE Länge 76–92 cm, FSW 200–240 cm

STIMME Männchen hoch und gellend »krick-rick-rick«, Weibchen tief »rack-rack«, nur zur Balzzeit ruffreudig

NAHRUNG v. a. Fische, Säugetiere bis Rehgröße, Vögel bis Reihergröße, meist Wasservögel wie Enten oder Blässhühner; auch Aas

BRUT umfangreiches Nest aus Ästen und Zweigen im Kronenbereich alter Bäume an Seeufern, an der Küste auf Klippen, wird oft mehrere Jahre hintereinander benutzt; 1 JB, meist 2 weißliche Eier, BD 36–42 Tage, NZ 80–90 Tage

Typisch

Im Flug sind die brettartig gehaltenen Flügel mit starker Fingerung und der keilförmige Schwanz kennzeichnend. Seeadler jagen entweder im niedrigen Suchflug oder sie stehen ausdauernd auf einer Warte.

HABICHTVERWANDTE · 235

VERBREITUNG

mächtiger, blassgelber Schnabel

Kopf hellbraun

Auge hell

vom helleren Kopf und Hals abgesetzter dunkler Rücken

Hosen dunkelbraun

Schwanz weiß

Erst im Alter von 5 Jahren zeigen Seeadler das Alterskleid.

BEOBACHTUNGSZEIT/BRUTZEIT

| J | F | M | A | M | J | J | A | S | O | N | D |

Kormoran (KV)
Phalacrocorax carbo

Bei der Fischjagd taucht der Kormoran oft wie ein U-Boot von der Wasseroberfläche ab. Um den Wasserwiderstand unter Wasser zu verringern, drückt er vor dem Tauchgang die Luft aus dem Gefieder. Kormorane brüten in Kolonien auf Bäumen im Binnenland. Da sie ihre Nester mehrere Jahre hintereinander nutzen, sterben die Bäume durch den scharfen Kot oft ab.

VORKOMMEN Meeresküsten, auch große fischreiche Seen und Flüsse im Binnenland; bei uns sowohl Brutvogel als auch Durchzügler und Wintergast; verbreitet

GRÖSSE Länge 80–95 cm, FSW 130–160 cm

Das Gefieder des Kormorans ist nicht wasserabweisend. Der Vogel kann so zwar besser tauchen, muss aber im Anschluss immer trocknen.

Im Prachtkleid sind ein weißer Schenkelfleck und viel Weiß am Kopf zu sehen.

VERBREITUNG

STIMME krächzende, schnarrende Rufe in der Kolonie

NAHRUNG v. a. Fische bis 20 cm Länge, im Meer auch Krebse

BRUT im Binnenland Nest aus Zweigen in Bäumen, an der Küste aus Tang auf Felsinseln, Koloniebrüter; 1 JB, 3–4 blassblaue Eier, BD 23–30 Tage, NZ 47–50 Tage

Typisch

Anpassungen an die Unterwasserjagd sind Schwimmhäute zwischen den vier Zehen, um sich besser vorantreiben zu können, sowie ein Haken an der Schnabelspitze zum Festhalten der Fische. Beim Schwimmen liegt der Kormoran tief im Wasser, er hält den Hals gerade hoch und den Kopf aufwärts.

BEOBACHTUNGSZEIT/BRUTZEIT

| J | F | M | A | M | J | J | A | S | O | N | D |

Graureiher
Ardea cinerea

Der Graureiher ist vielen auch unter der Bezeichnung Fischreiher bekannt. Seine Vorliebe für Fische hat ihm zu diesem Namen verholfen. Als Nahrungskonkurrent wurde er so stark bejagt, dass seine Bestände in der 2. Hälfte des letzten Jahrhunderts auf ein Rekordtief sanken. Durch die daraufhin eingeleiteten Schutzmaßnahmen haben sich die Populationen heute wieder erholt. Bei der Jagd steht er oft lange Zeit unbeweglich. Hat er eine Beute entdeckt, stößt er plötzlich mit dem Kopf vor und packt sie.

VORKOMMEN Nahrungssuche an flachen Gewässern mit vegetationsreichen Ufern, in Feuchtgebieten, an Gräben, Parkseen, auch auf Äckern; verbreitet

GRÖSSE Länge 85–100 cm, FSW 175–195 cm

STIMME ruft im Flug heiser krächzend »kräik«, Junge im Nest keckern

NAHRUNG v. a. Fische, auch Frösche, Molche, Kaulquappen, Mäuse und andere Kleinsäuger, Insekten, Würmer

BRUT Nester aus Ästen und Zweigen in Baumkronen, in Feldgehölzen oder in Bäumen auf Inseln in Seen, Koloniebrüter; 1 JB, 3–5 blass grünblaue Eier, BD 25–26 Tage, NZ 45–55 Tage, Junge klettern bereits im Alter von ca. 30 Tagen auf Äste im Baum

Typisch

Der Graureiher ist unsere größte Reiherart. Im Flug hält er den Hals s-förmig nach hinten gelegt, dadurch ist er gut von ähnlich großen Vögeln wie Störchen zu unterscheiden. Zudem segelt er nicht.

| J | F | M | A | M | J | J | A | S | O | N | D |

REIHER · 239

weißer Kopf mit schwarzem Seitenscheitel

Im Prachtkleid kräftiger dunkelgelber Schnabel

lange schwarze Schmuckfedern im Nacken (nur im Prachtkleid)

lange Schmuckfedern an Brust und Seiten

Rücken und Flügel hellgrau

lange gelbe Beine

VERBREITUNG

Kanadagans
Branta canadensis

Die Kanadagans ist eine der größten Gänse Mitteleuropas. Wie bereits aus ihrem Namen hervorgeht, stammt sie ursprünglich aus Nordamerika. Die Bestände auf dem europäischen Kontinent gehen vermutlich

Kanadagänse sind sehr wachsam, vor allem wenn sie Junge führen. Mit dem langen schwarzen Hals und den weißen Kopfseiten sind sie unverkennbar.

VERBREITUNG

ENTENVERWANDTE · 241

Kanadagänse lassen besonders im Flug ihre klangvollen Rufe ertönen.

auf Aussetzungen in Schweden und Norwegen zurück. Von dort aus haben sie sich nach Osten und Süden ausgebreitet. Die zahlreichen Kanadagänse im Alpenvorland stammen von halbzahmen Vögeln aus Wasservogelhaltungen ab.

VORKOMMEN Seen und größere Teiche, auch in Parks und Städten; breitet sich in Europa aus, bereits gut etabliert in Mitteleuropa und auf den Britischen Inseln; häufig

GRÖSSE Länge 90–100 cm, FSW 150–180 cm

STIMME ruft im Flug nasal trompetend »gor-rronk« oder »ah-hong«, durchdringendes Triumphgeschrei

NAHRUNG Gräser und Kräuter sowie Sämereien am Ufer; auch gründelnd Wasserpflanzen im Seichtwasser

BRUT großes Nest aus Wasserpflanzen, meist am Ufer von Seen in dichter Vegetation; 1 JB, 5–6 weißliche Eier, BD 28–30 Tage, Junge sind Nestflüchter, werden von beiden Eltern geführt, sind mit ca. 45 Tagen flügge

Typisch

Im Flug erkennt man ein weißes »U« zwischen dem schwarzen Bürzel und der schwarzen Schwanzendbinde.

BEOBACHTUNGSZEIT/BRUTZEIT

| J | F | M | A | M | J | J | A | S | O | N | D |

242

VERBREITUNG

Im Vergleich zum Weißstorch sucht der Schwarzstorch seine Nahrung eher im Wasser.

Schwarzstorch (K3)
Ciconia nigra

Der Schwarzstorch trägt seinen Namen wie sein größerer Bruder, der Weißstorch, wegen seiner Gefiederfarbe. Er ist oberseits sowie an Kopf, Hals und Brust tiefschwarz gefärbt. Leider kann man ihn nur recht selten beobachten, denn der scheue Vogel meidet die Nähe des Menschen und nistet in unzugänglichen Waldgebieten. Seinen Horst benutzt er oft viele Jahre hintereinander, wodurch dieser imposante Ausmaße annehmen kann.

VORKOMMEN reich strukturierte, ruhige Laub- und Nadelwälder, im östlichen Mitteleuropa und in Südeuropa felsige Waldregionen; mitteleuropäische Brutvögel überwintern in Afrika südlich der Sahara; selten

GRÖSSE Länge 90–105 cm, FSW 170–200 cm

STIMME ruft im Flug melodisch »füüo«, bei Störung am Nest fauchende und pfeifende Rufe; klappert kaum

NAHRUNG Fische, Frösche, Molche, Wasserinsekten; Nahrungssuche auf Feuchtwiesen, in Mooren, an Tümpeln und Bächen

BRUT großer Horst aus Zweigen und Ästen, gut versteckt hoch in einem Baum; 1 JB, 3–5 weiße Eier, BD 32–40 Tage, NZ 63–71 Tage

Typisch

Schwarzstörche im Alterskleid haben einen langen, roten, dolchförmigen Schnabel, auch die nackte Haut um die Augen ist rot. Bei Jungvögeln sind die entsprechenden Stellen grünlich.

BEOBACHTUNGSZEIT/BRUTZEIT

| J | F | M | A | M | J | J | A | S | O | N | D |

Weißstorch (K3)
Ciconia ciconia

- weißer Kopf und Hals
- Körpergefieder schwarz-weiß
- langer, roter, dolchförmiger Schnabel
- lange, rote Beine

VERBREITUNG

STÖRCHE · 245

Der Weißstorch ist einer unserer populärsten Vögel und einer der besterforschten Zugvögel. Seine Überwinterungsgebiete liegen in Südafrika. Da er im kraftsparenden Segelflug zieht, muss er das gesamte Mittelmeer umfliegen. Seine östliche Zugroute führt über den Bosporus, die westliche über Gibraltar. Während Anfang des letzten Jahrhunderts vielerorts das Storchennest auf dem Hausdach zum Ortsbild gehörte, gehen mittlerweile seit Jahren die Bestände des Weißstorchs im westlichen Teil seines Verbreitungsgebiets bedingt durch negative Umwelteinflüsse zurück. Mittlerweile gibt es unterschiedliche Maßnahmen verschiedenster Organisationen, den Weißstörchen wieder bessere Lebensbedingungen zu bieten.

VORKOMMEN offene Kulturlandschaft mit Feuchtwiesen und Sümpfen, auch in der Nähe von Siedlungen; gebietsweise, aber selten

GRÖSSE Länge 95–110 cm, FSW 180–220 cm

STIMME das bekannte rhythmische Klappern mit dem Schnabel, entspricht dem Gesang

NAHRUNG Kleintiere aller Art wie Regenwürmer und große Insekten, Mäuse, Frösche, Fische, Schlangen, Jungvögel von Bodenbrütern

BRUT großer Horst aus Zweigen und Ästen auf hohen Gebäuden wie Kaminen, Dachfirsten oder Kirchtürmen, oft auf einer künstlichen Nistunterlage, in manchen Gegenden brüten Störche auch in Bäumen; 1 JB, 3–5 weiße Eier, BD 33–34 Tage, NZ 55–60 Tage

Typisch

Im Flug hält der Weißstorch Hals und Beine ausgestreckt. Die Störche segeln oft in ungeordneten Trupps in großer Höhe.

BEOBACHTUNGSZEIT/BRUTZEIT

| J | F | M | A | M | J | J | A | S | O | N | D |

Im Prachtkleid schmückt sich der Kranich mit einem bauschigen »Schwanz«, gebildet aus den verlängerten Schirmfedern.

Typisch

Ziehende Kraniche fliegen meistens in Keilformation. Das Flugbild von Kranich und Weißstorch ähnelt sich, beim Kranich überragen die Beine allerdings den Schwanz weiter.

BEOBACHTUNGSZEIT/BRUTZEIT

| J | F | M | A | M | J | J | A | S | O | N | D |

Kranich
Grus grus

Kraniche sind überaus elegante Vögel. Wenn sie sich im Frühjahr in Trupps an traditionellen Plätzen versammeln und ihre eindrucksvollen Balztänze darbieten, stehen schon viele Interessierte mit Fernglas und Fernrohr bereit. Dabei tänzeln sie umeinander, springen mit ausgebreiteten Flügeln in die Höhe und verbeugen sich. Dazwischen lassen sie immer wieder ihre trompetenden Rufe hören. Von dem Wort »Kranich« leitet sich der auf allen Baustellen eingesetzte Kran ab. Der lange Hals des Kranichs stand Pate dafür.

VORKOMMEN ausgedehnte Sumpf- und Moorlandschaften; während der Brutzeit in von lichten Wäldern umgebenen Hochmooren, Sumpfgebieten und Verlandungszonen großer Seen, auch in lichten Bruchwäldern und an abgelegenen Waldseen; auf dem Zug auch auf Anbauflächen; gebietsweise selten

GRÖSSE Länge 100–120 cm, FSW 210–230 cm

STIMME laut trompetend »krüi-kruh krüi-kruh«, Männchen und Weibchen rufen im Duett

NAHRUNG Wurzeln, Gräser und Schösslinge, Samen und Beeren; im Sommer auch Insekten, Würmer, Frösche und Mäuse; auf dem Zug auch auf abgeernteten Feldern wie Getreide- oder Kartoffelfeldern

BRUT großes Nest aus Pflanzenteilen, an unzugänglichen Stellen am Boden, etwa auf kleinen Inseln im Sumpf oder in weiten Mooren (Taigazone), in ausgedehnten Verlandungsflächen, in Deutschland oft in Bruchwäldern; 1 JB; meist 2 graubraune, olivbraune bis rötlich braune Eier, BD 29–30 Tage, Junge sind Nestflüchter, jeder Altvogel kümmert sich um einen Jungvogel, diese können mit 9–10 Wochen fliegen

VERBREITUNG

Höckerschwan
Cygnus olor

Bei dem größten Entenvogel Europas sind Männchen und Weibchen zwar gleich gefärbt, doch das Männchen hat einen größeren schwarzen Schnabelhöcker als das Weibchen. Von diesem Merkmal leitet sich auch der Name des Höckerschwans ab. Während der Balz und zur Revierverteidigung stellt der imposante Vogel seine Flügel auf. Diese elegante Pose hat bereits viele namhafte Künstler über die Jahrhunderte hinweg inspiriert.

VORKOMMEN Seen und Flüsse des Tieflands von Südskandinavien über West- und Mitteleuropa bis Osteuropa; war ein beliebter Zier- und Parkvogel, entkommene und ausgesetzte Vögel haben viele Gegenden Mitteleuropas besiedelt, in denen der Höckerschwan früher nicht vorkam, sind heute zum Teil verwildert, auch mitten in Städten; verbreitet

Was anmutig ausschaut, ist eine drohende Geste. Zur Brutzeit sind Höckerschwäne sehr territorial und verteidigen vehement ihr Revier.

ENTENVERWANDTE · 249

Schwanenküken sind gar nicht so hässlich, wie uns das Märchen weismachen will ...

GRÖSSE Länge 145–160 cm, FSW 210–240 cm

STIMME zur Brutzeit zischende, schnarchende und fauchende Laute, sonst stumm

NAHRUNG Wasser- und Sumpfpflanzen, Gras, kommt auch an Wasservogelfütterungen, erreicht beim Gründeln mit dem langen Hals noch in 1 m Wassertiefe Bodenpflanzen

VERBREITUNG

BRUT großer Nesthaufen aus Wasserpflanzen, bis zu 2 m im Durchmesser, meist im Uferbereich; 1 JB, 5–7 graugrüne bis blaugraue Eier, BD 35–41 Tage, Junge sind Nestflüchter, können bereits nach 1 Tag schwimmen, werden aber oft anfangs von den Eltern huckepack getragen, sind flügge nach 4–5 Monaten

Typisch

Höckerschwäne fliegen mit kraftvollen, tiefen Flügelschlägen. Dabei entsteht ein weithin hörbares, singendes Flügelgeräusch.

BEOBACHTUNGSZEIT/BRUTZEIT

| J | F | M | A | M | J | J | A | S | O | N | D |

REGISTER

Accipiter nisus 176–177
Acrocephalus scirpaceus 66–67
Aegithalos caudatus 84–85
Alauda arvensis 118–119
Alcedo atthis 112–113
Alpendohle 180–181
Amsel 19, 36, 140–141
Anas platyrhynchos 208–209
Anser anser 230–231
Anthus trivialis 96–97
Apus apus 116–117
Aquila chrysaetos 232–233
Ardea cinerea 238–239
Asio otus 172–173
Auerhuhn 20, 37, 39, 226–2277
Austernfischer 188–189
Aythya fuligula 190–191

Bachstelze 31,120–121
Bartmeise 23
Baumpieper 39, 96–97
Bekassine 13, 18, 25, 37, 138–139
Bergfink 92–93
Birkhuhn 7, 18, 20, 39, 204–205
Blässhuhn 184–185
Blaumeise 50–51
Bluthänfling 72–73
Bombycilla garrulus 126–127
Brandgans 216–217
Brandmeise 76–77
Branta canadensis 240–241
Bubo bubo 220–221
Buchfink 19, 31, 94–95
Buntspecht 14, 134–135
Buteo buteo 206–207

Carduelis cannabina 72–73
Carduelis carduelis 58–59
Carduelis chloris 90–91
Carduelis spinus 56–57
Certhia brachydactyla 60–61

Charadrius dubius 104–105
Ciconia ciconia 244–245
Ciconia nigra 242–243
Cinclus cinclus 122–123
Coccothraustes coccothraustes 114–115
Columba livia 158–159,
Columba palumbus 186–187
Corvus corax 214–215
Corvus corone 198–199
Corvus monedula 154–155
Cuculus canorus 164–165
Cygnus olor 248–249

Delichon urbica 64–65
Dendrocopos major 134–135
Dohle 154–155
Domherr 100–101
Dompfaff 100–101
Dryocopus martius 196–197

Eichelhäher 6, 7, 22, 168–169
Eiderente 222–223
Eisvogel 27, 39, 112–113
Elster 194–195
Emberiza citrinella 108–109
Erithacus rubecula 68–69
Erlenzeisig 20, 21, 56–57

Falco peregrinus 192–193
Falco tinnunculus 166–167
Fasan 7, 228–229
Feldlerche 17, 30, 31, 39, 118–119,
Feldsperling 39, 70–71
Felsentaube 19
Fischadler 27, 39, 210–211
Fliegenschnäpper 88–89
Flussregenpfeifer 104–105
Fluss–Seeschwalbe 27, 31, 170–171
Fringilla coelebs 94–95
Fringilla montifringilla 92–93
Fulica atra 184–185

REGISTER · 251

Gabelweihe 224–225
Gänsesäger 26, 39, 218–219
Gallinago gallinago 138–139
Gallinula chloropus 150–151
Garrulus glandarius 168–169
Gartenbaumläufer 15, 60–61
Gartenrotschwanz 24, 78–79
Gelbspötter 62–63
Gimpel 102–103
Girlitz 54–55
Goldammer 17, 30, 108–109
Goldamsel 132–133
Graugans 230–231
Graureiher 7, 26, 238–239
Grauschnäpper 24, 88–89
Grünfink 19, 21, 22, 90–91
Grünspecht 156–157
Grus grus 246–247

Haematopus ostralegus 188–189
Haliaeetus albicilla 234–235
Haubenmeise 52–53
Haubentaucher 19, 26, 202–203
Hausrotschwanz 19, 80–81
Hausschwalbe 64–65
Haussperling 39, 98–99
Heckenbraunelle 16, 82–83
Himmellerche 118–119
Himmelsziege 138–139
Hippolais icterina 62–63
Hirundo rustica 124–125
Höckerschwan 248–249
Höhlenkrähe 196–197

Kanadagans 240–241
Kardinälchen 86–87
Kernbeißer 7, 22, 114–115
Kiebitz 37, 148–149
Kleiber 15, 16, 24, 74–75
Klosterfreule 120–121
Knospenbeißer 114–115

Kohlmeise 76–77
Kolkrabe 26, 214–215
Kormoran 25, 26, 35, 236–237
Krammetsvogel 136–137
Kranich 18, 30, 35, 246–247
Kuckuck 164–165

Lachmöwe 178–179
Lanius collurio 110–111
Larus argentatus 212–213
Larus ridibundus 178–179
Luscinia megarhynchos 106–107

Mauersegler 19, 116–117
Mäusebussard 206–207
Mehlschwalbe 35, 64–65
Mergus merganser 218–219
Milvus milvus 224–225
Mönchsgrasmücke 11, 17, 22, 86–87
Motacilla alba 120–121
Muscicapa striata 88–89

Nachtigall 106–107
Neuntöter 16, 17, 24, 110–111
Nucifraga caryocatactes 162–163

Oriolus oriolus 132–133

Pandion haliaetus 210–211
Paradiesvogel 112–113
Parus ater 46–47
Parus caeruleus 50–51
Parus cristatus 52–53
Parus major 11, 76–77
Passer domesticus 98–99
Passer montanus 70–71
Pestvogel 126–127
Pfingstvogel 132–134
Phalacrocorax carbo 236–237
Phasianus colchicus 228–229
Phoenicurus ochruros 80–81
Phoenicurus phoenicurus 78–79

Phylloscopus collybita 48–49
Pica pica 194–195
Picus viridis 156–157
Pirol 15, 132–133
Podiceps cristatus 202–203
Prunella modularis 82–83
Pyrrhocorax graculus 180–181
Pyrrhula pyrrhula 102–103

Rabenkrähe 15, 22, 198–199
Rauchschwalbe 34, 35, 124–125
Regulus ignicapillus 42–43
Reiherente 190–191
Ringeltaube 15, 186–187
Rotkehlchen 16, 68–69
Rotkopf 72–73
Rotmilan 224–225
Rotrückenwürger 110–111
Rotschenkel 25, 39, 146–147
Rüttelfalke 166–167

Schleiereule 174–175
Schuhmächerle 56–57
Schwanzdrossel 140–141
Schwanzmeise 16, 84–85
Schwarzspecht 196–197
Schwarzstorch 242–243
Schornsteinschwalbe 124–125
Seeadler 27, 38, 234–235
Seekrähe 178–179
Seidenschwanz 7, 11, 29, 126–127
Serinus serinus 54–55
Silbermöwe 212–213
Singdrossel 31, 130–131
Sitta europaea 74–75
Somateria molissima 222–223
Sommergoldhähnchen 42–43
Spak 98–99
Sperber 176–177
Stadttaube 19
Stangenmeise 84–85
Star 9, 16, 31, 128–129

Steinadler 27, 39, 232–233
Sterna hirundo 170–171
Sterzmeise 84–85
Stieglitz 21, 58–59
Stinkhahn 144–145
Stockente 7, 8, 9, 208–209
Straßentaube 19, 158–159
Streptopelia decaocto 152–153
Strix aluco 182–183
Strohvogel 108–109
Sturnus vulgaris 128–129
Sylvia atricapilla 86–87

Tadorna tadorna 216–217
Tannenhäher 22, 162–163
Tannenmeise 12, 46–47
Teichhuhn 150–151
Teichrohrsänger 66–67
Tetrao tetrix 204–205
Tetrao urogallus 226–227
Tringa totanus 146–147
Troglodytes troglodytes 44–45
Türkentaube 13, 37, 38, 152–153
Turdus merula 140–141
Turdus pilaris 136–137
Turdus philomelos 130–131
Turmfalke 24, 166–167
Tyto alba 174–175

Uhu 38, 220–221
Upupa epops 144–145

Vanellus vanellus 148–149

Wacholderdrossel 22, 136–137
Waldkauz 182–183
Waldohreule 15, 172–173
Waldtaube 186–187
Wanderfalke 38, 192–193
Wasseramsel 24, 30, 122–123
Weißbärschel 64–65
Weißstorch 13, 39, 244–245

Wiedehopf 144–145
Wieherspecht 156–157
Wintergoldhähnchen 11

Zaunkönig 15, 16, 44–45
Zilpzalp 15, 48–49, 48–49
Zippdrossel 130–131

Bildnachweis

Cover: Nature Picture Library
U4: IBK/Dieter Hopf, Nature Picture Library
Alle Illustrationen Klappen von: Maria Mähler/www.maria-maehler.de

Alamy: 229; **Biosphoto:** 50, 51, 66, 72, 121, 134, 141, 180-181, 188-189, 226-227; **Blickwinkel:** 189; **Clipdealer:** 23-3; **Sebastian Erras:** 216-217; **FLPA:** 6, 7, 17, 19, 20, 24, 27, 31, 35, 93, 155, 167; **FotoNatur:** 101, 108; **Peter Hering:** 15; **Thomas Hinsche:** 29, 127, 230-231; **Hippocampus Bildarchiv/ Frank Teigler:** 74-75, 83, 150, 178, 241; **Marko König:** 226; **Ronald Kulb:** 223; **Peter Kühn:** 168; **Loek van de Leur:** 72-73; **Mauritius Images:** 32; **Minden Picture:** 2, 4-5, 22, 25, 26, 28, 40-41, 102-103, 142-143, 160-161, 200-201; **Nature Picture Library:** 11, 13, 14, 16, 18, 21, 30, 42-43, 43, 46, 54-55, 62, 65, 78, 79, 86, 105, 106-107, 112, 116, 117, 122, 126, 132, 133, 136-137, 156, 157, 158-159, 164, 166, 172, 174, 177, 182, 191, 192-193, 196, 197, 207, 210, 214, 215, 218, 232, 233, 236, 237, 242, 248, 249; **Okapia:** 23-2; **Photolibrary:** 37, 38, 52, 56, 58-59, 64, 70-71, 100, 129, 131, 138-139, 144-145, 146-147, 152-153, 165, 170-171, 172-173, 183, 184, 198-199, 198, 204, 208-209, 219, 220-221, 224, 225, 235, 238-239; **Premium:** 8, 9, 34, 57, 80, 81, 88, 124, 125, 195, 162; **Stephan Rech:** 94, 120-121, 203; **Chris Romeiks**: 68-69, 90-91, 98-99, 108-109, 118-119; **Suzette Gelhausen-Roßbach:** 194; **Shutterstock:** 96-97; **Dr. Udo Schlottmann:** 60; **Superbild:** 23-1; **Dirk Vorbusch:** 150-151, 185, 202, 240; **Jan Wegener:** 12, 36, 44-45, 48-49, 76-77, 82-83, 84-85, 95, 110, 111, 113, 115, 128, 140, 148, 178-179, 186, 190, 205, 206, 212-213, 222, 244-245, 246-247; **Wildlife:** 47, 87, 98

Service

Adressen

Deutschland
Bund für Umwelt und Naturschutz Deutschland e. V. (BUND), Bundesgeschäftsstelle, Am Köllnischen Park 1, D-10179 Berlin, Tel.: +49 30 275 86-40, www.bund.net

Naturschutzbund Deutschland e.V. (NABU), Postfach, D-10108 Berlin, www.nabu.de

Deutsche Ornithologen-Gesellschaft (DO-G), Institut für Vogelforschung, An der Vogelwarte 21, D-26386 Wilhelmshaven, Tel.: 044219689-0, www.do-g.de, www.ifv.eu

Österreich
Naturschutzbund Österreich, Museumsplatz 2, A-5020 Salzburg, Tel.: +43 662642909, www.naturschutzbund.at

Schweiz
Schweizerische Gesellschaft für Vogelkunde und Vogelschutz (Ala), Postfach CH-6204 Sempach, Tel. +41 26 496 35 37, www.ala-schweiz.ch

Internet-Adressen
www.naturgucker.de
www.vogelarten.de/
www.bavarianbirds.net/
www.birdnet-cms.de

Bücher
Aebischer, A.: Vögel beobachten in Europa: Die besten Plätze vom Mittelmeer bis zum Nordkap; Haupt, Bern
Bergmann, H.-H./Helb, H.-W./Baumann, S.: Die Stimmen der Vögel Europas; AULA Verlag, Wiebelsheim
Hume, R.: Vögel - 430 Arten Europas; Kosmos, Stuttgart
Svensson, L./Grant, P. J./Mullarney, K./Zetterström, D.: Vögel Europas, Nordafrikas und Vorderasiens; Kosmos Verlag, Stuttgart

Zeitschriften
natur + kosmos, Konradin Medien, Leinfelden-Echterdingen
Vögel, Magazin für Vogelbeobachtung, dwj Verlag, Blaufelden

Naturlust pur.

ISBN 978-3-8338-2609-2

ISBN 978-3-8338-2611-5

ISBN 978-3-8338-2610-8

ISBN 978-3-8338-2613-9

www.gu.de: Blättern Sie in unseren Büchern, entdecken Sie wertvolle Hintergrundinformationen sowie unsere Neuerscheinungen.

GU

Willkommen im Leben.

Impressum

Wichtiger Hinweis
Die Daten und Fakten dieses Ratgebers wurden mit äußerster Sorgfalt recherchiert und geprüft. Dennoch kann keine Garantie übernommen werden. Eine Haftung des Verlages für Personen-, Sach- und Vermögensschäden ist ausgeschlossen. Beim Bestimmen in der Natur müssen stets alle Merkmale beachtet werden.

Die Autorin Angelika Lang studierte Biologie und Chemie für das Lehramt in München. Für ihre Zulassungsarbeit untersuchte sie ein halbes Jahr das Verhalten der Silbermöwe auf einer Nordsee-Insel. Schon immer galt ihr Interesse der einheimischen Tier- und Pflanzenwelt, besonders den Vögeln, die sie unter anderem bei Führungen bekannter Biologen kennenlernte. Dieses Wissen bringt sie auch anderen nahe. Seit vielen Jahren arbeitet sie als Lektorin, Autorin und Übersetzerin in München.

© 2012 GRÄFE UND UNZER VERLAG GmbH, München

Alle Rechte vorbehalten. Nachdruck, auch auszugsweise, sowie Verbreitung durch Bild, Funk, Fernsehen und Internet, durch fotomechanische Wiedergabe, Tonträger und Datenverarbeitungssysteme jeder Art nur mit schriftlicher Genehmigung des Verlages.

Umschlaggestaltung und Layout:
Independent Medien-Design, Horst Moser, München

Herausgeber: Georg Kessler

Projektleitung: Regina Denk

Redaktionelle Mitarbeit: Anne-Kathrin Wahler

Bildredaktion: Daniela Laußer, Petra Ender (Cover)

Herstellung: Petra Roth

Satz: Uhl + Massopust, Aalen

Repro: Longo AG, Bozen

Druck und Bindung: Stürtz GmbH, Würzburg

Printed in Germany
ISBN 978-3-8338-2612-2

1. Auflage 2012